本书由广东外语外贸大学西方语言文化学院资助出版

生成词库理论视角下西班牙语-汉语语义解释路径对比研究

何嫣 袁艺婷 管晓霞 著

中国纺织出版社有限公司

内 容 提 要

本书以国内外关于语义组合和语义浮现相关研究成果为依据,以生成词库理论为指导,分别探讨述宾结构、主谓结构、形容词结构以及惯用语隐喻转喻义如何通过语义生成机制实现语义的浮现,并基于生成词库角度解决词典编纂领域以及外语教学领域关于语义处理的问题。本书在汉语和西班牙语的对比研究中深化了对语言句法语义性质的根本认识,说明了生成词库理论具有的广泛应用价值,对不同语言结构中的语义生成具有较为普遍的解释效力。全书体系清晰完整,内容循序渐进,既有理论的阐述又有实例的应用。与市面上其他的同类型图书相比,本书为研究语义的生成机制提供新视角与新见解,更具备创新性和针对性。

图书在版编目(CIP)数据

生成词库理论视角下西班牙语-汉语语义解释路径对比研究 / 何嫣,袁艺婷,管晓霞著. --北京：中国纺织出版社有限公司,2022.11
　　ISBN 978-7-5229-0252-4

　　Ⅰ.①生… Ⅱ.①何… ②袁… ③管… Ⅲ.①西班牙语－语义－对比研究－汉语 Ⅳ.①H343 ②H13

中国版本图书馆 CIP 数据核字(2022)第 253471 号

策划编辑：韩　阳　　　责任编辑：郭　婷
责任校对：高　涵　　　责任印制：储志伟

中国纺织出版社有限公司出版发行
地址：北京市朝阳区百子湾东里 A407 号楼　邮政编码：100124
销售电话：010—67004422　传真：010—87155801
http://www.c-textilep.com
E-mail: faxing@c-textilep.com
中国纺织出版社天猫旗舰店
官方微博 http://www.weibo.com/2119887771
天津千鹤文化传播有限公司印刷　各地新华书店经销
2022 年 11 月第 1 版　第 1 次印刷
开本：710×1000　1/16　印张：10.25
字数：200 千字　定价：79.00 元

凡购本书,如有缺页、倒页、脱页,由本社图书营销中心调换

作者简介

何嫣，女，汉族，1990年8月出生，广东人，西班牙马德里自治大学博士，广东外语外贸大学西方语言文化学院副教授、硕士生导师。主要研究方向：西班牙语词汇语义、西班牙语法律翻译、西班牙语国家法律。主持完成2个省级课题，出版专著1部，在国内外发表论文10余篇，其中1篇被SSCI收录。

袁艺婷，女，汉族，1998年12月出生，江西人，广东外语外贸大学西方语言文化学院西班牙语语言文学硕士生。主要研究方向：语义学、西班牙语对外教学。任广东外语外贸大学西班牙语二外课程、广东碧桂园学校小语种项目教师，曾获国家留学基金委优秀本科生项目公派留学资格及2021年全国西班牙语语言文学专业研究生综合性学术论坛一等奖。

管晓霞，女，汉族，1997年4月出生，广东人，广东外语外贸大学西方语言文化学院西班牙语语言文学硕士生。主要研究方向：语义学、西班牙语对外教学。曾任广东外语外贸大学云山语言学习与跨文化培训中心，佛山市瀚文外国语学校及广州市执信中学西班牙语二外教师，获2021年全国西班牙语语言文学专业研究生综合性学术论坛优秀奖。

前　言

　　词汇语义学研究一直是语义学领域的一个重要模块,通过对词语意义的剖析可以窥探人们认识世界的意向方式以及解读意义的概念结构模式。语义组合的研究很早就受到了重视。Firth(1951)将搭配(collocation)作为正式学术语提出并加以探讨,以英国打油诗为例,提出以"sl-"为词首的词语经常和贬义的上下文语境相关联,由此提出了搭配的概念,认为词语和语音片段的意义可以从搭配中显现出来。Halliday(1966)对 Firth 的观点进行了深入的阐述,提出了在词汇学研究中三个密切关联的概念:词项、搭配和词语集。他们认为,语义研究必须基于语料库证据,提出了一些重要原则和基本方法,如跨距界定、统计方法、搭配词与节点相互吸引力的测算等。Firth 学派对语义组合的研究基本是词汇学领域,对句法层的语义组合研究则主要由生成学派完成。Chomsky(1957)在探讨疑问句转换时,已经使用"有生命特征"和"无生命特征"来标记名词,以说明动词对主语和宾语的选择。Katz 和 Fodor(1963)在研究句法时提出语义对句法的重要性,因此他们使用词语语义分解的方法,除了句法标记,还引入了语义标记来表征词语,通过建立投射规则来生成句子。他们对动词的论元进行了语义选择限制的描写,每个名词在词库中标明了词类和语义标记。生成学派虽然提出了语义选择限制的理论,但是并没有大规模地展开动词对论元的选择限制库和名词的词库建设。Alonso Ramos(1998)认为动名搭配的核心为名词,名词的语义决定了与其组合的动词。Apresjan 等(2007)则不赞同上述观点,认为动名组合很大程度上由动词的语义驱动。

　　在国内,对于词语搭配、语义组合的研究多从语法、语义和韵律的角度出发。吕叔湘、朱德熙(1979)以动词"给"为例,解释了语义特征对句法的制约作用。从语音角度,吕叔湘(1963)发现双音节动词不搭配单音节名词。在动宾搭配多样性的问题上,邢福义(1991)将宾语分为常规宾语和代体宾语。陈平(1994)则给出了汉语充当宾语的语义角色排列优先顺序:受事、对象、地点、系事、工具、感事、施事。任鹰(2007)从动词的角度出发,认为"在进入动宾结构时,有些动词处于语义未完全指定状态,最终在结构中所实现的语义是语义互动和语义合成的结果"。

从国内外各个学派的研究来看,语义组合的研究正不断走向精细化,但是仍存在一些问题待解决:①语义的组合和浮现是由动词语义还是名词语义驱动?②是否有必要对论元的语义角色详细描写?语义角色的精细描写又是否有助于语义的浮现?③对于非常规或具有歧义的语义组合,是否应该特殊处理?对于第一个问题,本研究的观点与任鹰(2007)相似,认为语义组合与浮现是词项语义互动的结果。但是,任鹰提出的"语义未完全指定状态"概念较模糊,本研究将采用生成词库理论提出的"基础语义"概念对动词语义进行描写。对于第二个问题,精细描写名词的题元角色在一定程度上解释了宾语多样性的原因,但仔细推敲,这一理论并不完善。例如,"打球"和"打小孩"的宾语同为"受事",但是动词"打"的语义却不一样。由此可见,描述宾语的题元角色难以全面解读和归纳词项语义。对于第三个问题,目前大部分研究仅停留在描写层面,将其当作特殊搭配处理。本研究认为,非常规或具有逻辑多义的搭配与常规搭配的语义生成机制一致,可从理论语言学角度进行统一阐释。

近年来词汇语义学中出现了不少的新理论方法,其中 Pustejovsky(1995)创立的生成词库理论格外引人注意,被评价为"当代语义学中最精细的形式化分析范式"(Geeraerts,2010:147)。该理论强调词语本身所包括的概念意义和语境所带来的信息对辨识语言结构意义具有重要意义,从而做到动态性地解释语义。解释语言的多样性本质、刻画自然语言话语的语义系统、解释词语在新语境下的创造性用法、发展出一套丰富的语义表征体系共同构成了生成词库理论所要致力解决的问题。

目前,无论是西班牙语还是汉语,大多数的语义研究均以动词为恒定坐标来考察宾语。在西班牙语领域,少数学者认为动名组合是由名词的语义所驱动。无论是"动词语义驱动"假设还是"名词语义驱动"假设,都无法全面解释语义组合中出现的复杂问题。本研究将启用生成词库理论,系统分析西班牙语、汉语当中的不同结构(述宾结构、主谓结构、形容词结构、惯用语隐喻转喻),讨论西班牙语、汉语中的语义组合如何激活语义生成机制,如何实现语义浮现,试图证明语义的组合和浮现并不是两词的简单相加,而是词项语义互动后的结果,为研究语义的生成机制提供新的视角。

本研究共包括八章。第一章评述国内外关于语义解释的相关研究。第二章简要介绍生成词库理论。第三章到第六章分别探讨述宾结构、主谓结构、形容词结构以及语隐喻义、转喻义如何通过语义生成机制实现语义的浮现。第七章从生成词库的角度解决词典编纂领域以及外语教学领域关于语义处理的问题。第八章结论部分概括本书的主要结论,并指出需要进一步探讨的问题。

著　者
2022 年 3 月

目　　录

1 词义与句义的关系 ·· 1
　1.1 句义与词义的关系 ······································ 1
　1.2 以动词为中心的句法语义分析 ···························· 3
　1.3 名词相关的句法语义分析 ································ 5
　1.4 生成词库的多层面研究 ·································· 7

2 生成词库理论简介 ·· 11
　2.1 理论概述 ·· 11
　2.2 词汇表证的四个层次 ···································· 12
　2.3 语义类型 ·· 17
　2.4 语义组合机制 ·· 18

3 述宾结构中的语义组合 ······································ 20
　3.1 引言 ·· 20
　3.2 apretar 词源及其基本词义表征 ·························· 21
　3.3 "抓"词源及基本词义表征 ································ 39
　3.4 小结 ·· 55

4 主谓结构中的语义组合 ······································ 56
　4.1 引言 ·· 56
　4.2 心理名词的表征 ·· 57
　4.3 西-汉[NP+V]语义生成机制对比 ·························· 63
　4.4 小结 ·· 71

5 形容词结构中的语义组合 ···································· 74
　5.1 引言 ·· 74
　5.2 西-汉评价类形容词结构的语义浮现 ······················ 75

5.3 西-汉速度类形容词结构的语义浮现 ⋯⋯⋯⋯⋯⋯⋯⋯⋯ 82
　　5.4 小结 ⋯⋯⋯⋯⋯⋯⋯⋯⋯⋯⋯⋯⋯⋯⋯⋯⋯⋯⋯⋯⋯⋯ 87

6 隐喻义和转喻义的语义组合 ⋯⋯⋯⋯⋯⋯⋯⋯⋯⋯⋯⋯⋯⋯⋯ 89
　　6.1 引言 ⋯⋯⋯⋯⋯⋯⋯⋯⋯⋯⋯⋯⋯⋯⋯⋯⋯⋯⋯⋯⋯⋯ 89
　　6.2 西-汉隐喻义和转喻义的语义浮现——名词功能角色
　　　　的凸显 ⋯⋯⋯⋯⋯⋯⋯⋯⋯⋯⋯⋯⋯⋯⋯⋯⋯⋯⋯⋯⋯ 91
　　6.3 西-汉隐喻义和转喻义的语义浮现——名词形式角色
　　　　的凸显 ⋯⋯⋯⋯⋯⋯⋯⋯⋯⋯⋯⋯⋯⋯⋯⋯⋯⋯⋯⋯⋯ 109
　　6.4 西-汉隐喻义和转喻义的语义浮现——名词构成角色
　　　　的凸显 ⋯⋯⋯⋯⋯⋯⋯⋯⋯⋯⋯⋯⋯⋯⋯⋯⋯⋯⋯⋯⋯ 114
　　6.5 小结 ⋯⋯⋯⋯⋯⋯⋯⋯⋯⋯⋯⋯⋯⋯⋯⋯⋯⋯⋯⋯⋯⋯ 120

7 生成词库理论的应用 ⋯⋯⋯⋯⋯⋯⋯⋯⋯⋯⋯⋯⋯⋯⋯⋯⋯⋯ 122
　　7.1 基于词汇表征构建的多义词释义模板 ⋯⋯⋯⋯⋯⋯⋯⋯ 122
　　7.2 基于语义类和物性角色建构的双语词典释义模板 ⋯⋯⋯ 131
　　7.3 生成词库理论在外语教学中的应用 ⋯⋯⋯⋯⋯⋯⋯⋯⋯ 139

8 结论 ⋯⋯⋯⋯⋯⋯⋯⋯⋯⋯⋯⋯⋯⋯⋯⋯⋯⋯⋯⋯⋯⋯⋯⋯ 143

参考文献 ⋯⋯⋯⋯⋯⋯⋯⋯⋯⋯⋯⋯⋯⋯⋯⋯⋯⋯⋯⋯⋯⋯⋯ 146

1　词义与句义的关系

如果将一个句子切成若干个能够独立运用的最小语言单位,那么最小的语言单位便是词。形式和意义存在着某种对应关系,句子的意义应该是构成句子的所有词语的意义之和。关于词义和句义之间关系最为经典的表述是由 Frege 提出的语义组合性原则,也被称为"弗雷格原则"。"弗雷格原则"认为语言表达式的意义必须是其直接构成成分的意义和用以连接这些成分的句法规则的函项。Jackendoff(1990)对"弗雷格原则"给出进一步清晰的阐述:"人们普遍认为,组成句法概念的基本单位是句子中词汇表达的概念,即词汇概念。"

上述原则存在两个问题。第一,关注了词义与句义是一种自下而上的关系,忽略了句义对词义可能产生的影响;第二,忽略了意义的弹性和包容性,句义并非是在任何情形下都是词义相加的结果。对此,不同的语言学派给出了不同的见解。

1.1　句义与词义的关系

Goldberg(1995)认为语法研究的基本单位是构式,是形式—意义的对应体,包括语素、词语、短语、分子和句子等,涵盖了语言的各个层面,都可以看作是形式和意义的配对。该理论认为句子的意义不仅仅是由出现在该句子中的词语和其层层组合的方式所决定的,同时还取决于把这些词语组合在一起的整体性图示,即构式。这样,表达式的意义就源自词项意义和构式意义的整合。Goldberg(1995)认为构式义能自上而下地对动词义产生影响。如:

a. He put the napkin on the table.

b. He sneezed the napkin off the table.

c. She baked him a cake.

(Goldberg,1995)

动词 put 是一个三元构词，sneeze 是一元动词，bake 是二元动词。按照动词本身的词汇意义和论元结构属性，动词 sneeze 后面不能携带宾语，bake 后面也不能出现间接宾语 him。但如例(2)和例(3)所示，原本是一元动词 sneeze 和二元动词 bake 都出现在三元构式中，动词出现了论元增容（argument augmentation）现象，构成语法给出的理由是：构式本身具有独立的意义和论元结构要求。例(1)的动词 put 无论是词汇意义还是构式的整体意义都是互相匹配，动词的论元结构与构式的参与者角色相一致，因此动词顺利地进入构式中，形成正常的表达。例(2)代表了一种"致使——移动"构式，表示"X 致使 Y 移向 Z"构式。例(3)代表双及物构式，表示"X 致使 Y 收到 Z"。当词义和整个构式的意义不一致时，构式会对动词施以压制（coercion），使动词语义发生变化，满足构式成立的条件。由此看来，在构式语法中，构式能够对动词的意义和用法产生自上而下的压制作用。

Fillmore(1988)曾指出，进入构式的词项不仅满足构式条件，也会给构式带去自己的特征。Michaelis 和 Lambrech(1996)也指出，句子解释是自上而下和自下而上两个过程的相结合。王寅(2011:284)认为，构式和动词之间具有"双向互动性"，典型动词的原型意义会影响构式的意义，构式义是在典型的事件模型和动词的原型用法中提炼出来的；反过来，构式义也会对非典型意义的动词产生压制。

可见，词义和句义之间并不是单行的压制关系，更多地产生互动：句式能改变词汇意义，而词汇意义和论文结构信息也对句式的意义有贡献。

王寅(2011)提出的"词汇压制"对 Goldberg(1995)提出的"构式压制"作出补充。以英语副词 always 为例，要求动词必须是进行体动词，对进行体存在压制现象。进行体表示的动词是在一段时间持续进行，具有线性特征，瞬间体动词不能出现在进行体的语境中。例如：

He is losing the key. ❶

"丢失钥匙"是瞬间的动作行为，不具有时间持续性，因此不可能表达"正在丢失钥匙"这样一种情境。但是，添加副词 always 可以改变句子的合法性，例如：

He is always losing the key. ❷

---

❶ 李强, 袁毓林. 语义解释的生成词库理论及其运用[M]. 北京：外语教学与研究出版社，2020.

❷ 同上。

整个句子的语义在 always 的作业下发生改变。虽然"丢失钥匙"是瞬间行为,但如果这个行为反复出现,可以看成它能够延续一定的时间,因而具有持续性特征,可用于进行体的语境之下,整个句子也就有了"他总丢失钥匙"的意思。

汉语中有一些"双向"动词,既可以表示真心的给予,也可以表现反向的获取。如:

我借了小李一本书。

这句话有两个含义:"我借给了小李一本书"或"小李借走了我一本书",这说明"给"和"走"对构式义的明确具有重要影响。

袁毓林(2004)和王寅(2011)认为,词汇意义和构式意义的一个显著表现是:作为形式和意义配对的构式对于词项具有模塑作业。构式义产生于典型动词的论元结构和用法之中,如双宾语构式的意义是在典型给予类动词(如 give)的用法中逐步形成的。当那些在语义上跟构式不同,又不相互抵触的动词进入构式结构中,动词可以在表达原型动词的抽象概括义的同时,实现精细化的语义表达,例如,动词"扔"在双宾语结构中不仅有"送"的给予义,同时也描述了给予的方式。

总而言之,词义和句义的关系绝非单向的压制和被压制关系。从形式上看,句子是由词语组成;从语义上看,句子语义的实现离不开词项的意义和其组合的方式。尤其是句子中心的动词,它的论元结构和语义性质在一定程度上对构式的句法架构和意义产生决定性的影响。

1.2 以动词为中心的句法语义分析

在以词汇为中心的语义分析方法中,有关动词的句法语义分析是重心,因为动词是句子的骨干,其他成分都需要动词的连接才能进入句子当中。以动词为中心进行句法语义分析的经典理论分别有配价语法、格语法理论和论元结构理论。

配价理论的奠基人是 Tesnière,在《结构句法基础》(1959)中首次使用"价"的概念描述语言中动词与一定数量的依附成分相互结合配对的能力。"价"的概念源自化学,指不同元素的原子相互结合形成化合物的能力大小。有的元素要求一个其他元素与之结合,有的元素则要求两个、三个甚至更多的原子相结合。在语言中,动词也表现出类似的属性特征。Tesnière 认为,

"可以把动词比作一个带钩的原子,动词用这些钩子来吸引与其数量相同的行动元作为自己的依附成分。一个动词所具有的钩子数量,就是动词所能支配的行动元的数目。"(冯志伟,2010)因此,动词根据其关联的成分的数量,可以分为"零价动词""一价动词""二价动词"和"三价动词"等。

在配价理论的基础上,Tesnière 提出了"依存语法",用来揭示句子中各成分的依存或从属关系。Tesnière 提出,句子是一个有组织的整体,同一个句子中词与词之间的联系构成了句子的框架,成为人们理解句子的线索。"造句"就是在原本不具有联系的词语之间赋予它们一定的关联性。在这个联系中,动词是句子的中心,是句子的支配者,自身不受其他成分的支配。对句法结构和语义结构的解释都离不开对动词的分析。

基于配价理论,Fillmore(1968)提出了"格语法"理论,用来描写句子深层结构中所隐藏的句法语义关系。Fillmore 认为,每个句子都存在一个有动词作为中心的深层结构,动词和若干个名词联系在一起,这些联系就是"格关系"。格的概念包括一整套普遍性的概念,相当于人类对在周围发生的事的判定,例如对谁做了什么事情,这件事情发生在谁身上。根据对事情发生的经验性感知,Fillmore 将格分为:施事格、承受格、工具格、客体格、处所格、受益格等。如:

a. John opened the door.

b. The door was opened by John.

c. John opened the door with the key.

d. John used the key to open the door.

e. The key opened the door.

f. The wind opened the door.

(Fillmore,1968:33—35)

在上面的句子中,从表层结构看,John、the key 和 the door 都可以作主语或宾语,位于句子中不同的位置。但是从深层结构看,John 是施事格,key 是工具格,door 是客体格。换言之,无论它们在句子中处于哪个语法位置、充当何种句法成分,它们的语义格属性总是保持不变。20 世纪末,Fillmore(1982)在上述格框架的基础上提出了"框架语义学",主要研究词语意义和句法结构意义的关系。袁毓林、李强(2014)认为,框架语义学主张对于词语意义的描述必须联系特定的语义框架。例如,框架 heat 描述的是一个设计烹调、食物和加热工具的情境,以及可能引发这一情境的一些词汇,如:bake、blanch、boil、brown、simmer 等。框架语义学所建立的场景可以更好地理解动词的语义结构。

论元结构理论描述动词和句子在句法语义性质方面的互动关系。通过深入了解动词与不同语义角色的各种成分之间的组配,说明句子在深层结构的产生机制。顾阳(1994)指出,论元是带有论旨角色的名词短语,是由动词根据预期相关的名词短语之间的语义关系而指派给名词短语的语义角色,包括动词所涉及的客体、行为、状态、处所、原因、结果等,如施事者、体验者、受事者、处理、起点等。

在表层的语法关系中,有些论旨角色既可以充当主语,也可以充当宾语,另外一些论旨角色永远不能成为主语。对于哪些论旨角色可以充当主语,Fillmore(1968)提出了"主语优先层级",即"施事＞工具＞客体";Givón(1984)认为存在一条"主语的普遍层次结构",即 agent＞recipient＞beneficiary＞theme/patient＞instrument＞location,在上述论旨角色序列中,越靠左的角色充当主语的能力越强。

论元结构理论是在吸收配价理论和格语法理论基础上发展起来的,其核心思想体现了动词的意义跟句法框架相关,只要动词的论文结构能描述清楚,那么句子的基本构造和语义解释就能自然呈现。

1.3　名词相关的句法语义分析

在传统以动词为中心的分析框架中,当动词出现在非典型论元结构时,往往会假定该动词的意义发生了改变。例如:

a. He sneezed the napkin off the table.

b. She baked him a cake.

c. Dan talked himself blue in the face.

(Goldberg,1995)

上述三个句子都是非常规的构式,动词的典型用法后不会出现那么多宾语成分。为了说明为什么上述动词可以携带额外的宾语,坚持以动词中心说的学者就会为这些动词人为设定一个新的意义以满足它们的实际用法需求(Goldberg,1995)。比如,非及物动词 sneeze 带有3个论元,这个表达形式的意义是"X 通过打喷嚏致使 Y 移向 Z",是 sneeze 的新生意义。如果按照动词中心说,sneeze 有两个意思,一个是"打喷嚏",另一个是"X 通过打喷嚏致使 Y 移向 Z",这两个意思是独立、没有联系的两种意义。但实际情况是:一个动词可能出现在不同的句子中,呈现出来的意义也会因此不同。

针对上述情况,Pustejovsky(1995)提出了"对比性多义"和"补充性多义"。对比性多义是指一个词项携带两种或以上没有关联性的意义,如例1;补充性多义是指一个词项在不同的语境下展现出与基本意义的不同方面,如例2:

例1　a. The discussion turned on the feasibility of the scheme.

　　　b. The bull turned on the matador.

例2　a. The bottle broke.

　　　b. John broke the bottle.

(Pustejovsky,1995:27—46)

例1的两个意义之间不存在直接的相关性,只是偶然性的语音形式相同,在词典中一般处理为两个词项。但是对于例2,更好的处理方式是看成是动词的不同义面。动词中心论会采用"意义列举方法",将同一个词项按照不同的意义分别列举在词库中。这一办法带来两个问题:第一,从词库的角度来说,如果不同意义都负载于一个词项上,词库所包含的词项数量将非常巨大,那么究竟要如何学习和掌握这个词库? 第二,如果每遇到一个新语境,都当作词项产生一个新的意义,那么一个词项究竟会有多少种不同的意义?

袁毓林(1992)指出,有些名词在句子中也有配价要求。例如:"这件事老张有意见",在这个句子中,动词"有"是二价动词,带了"老张"和"意见"两个配项;"这件事"并不是动词"有"的配项,而是名词"意见"的配项,同时"老张"也是"意见"的配项。"意见"一般是某人针对某人或某事的,涉及到两个个体,因此"意见"是个二价名词。名词的配价反映了名词所指事物之间的复杂关系,也反映了句式和词项之间的联系。句法结构的规则可以通过名词的语义描述来预测。

名词词义的描述主要有结构主义语义学、生成语义学、概念语义学。结构主义只关注语言内部的结构,希望在词义描写时能将词汇的语言知识和百科知识之间划分界限。但是划定界限是一个不可能的任务。正如Murphy(2003)所说,意义关系并不是存在于词语与指称物之间,而是词语与对其进行解读的具体语境之间,这就意味着词的意义解读离不开百科知识的帮助。根据李强、袁毓林(2020)的观点,生成语义学的词义描写方法将词语的词汇意义组合投射到短语结构的意义之中,从而能够对词项之间在句法和语义组合上的选择限制进行操作。生成语义学处理多义词的方法是将词义分解成不可再分的最小词义,可惜的是该理论对于词义的处理是静态式的罗列,把这些最小词义单位认为是相互分割的关系。在概念语义学对词项的描写框架中,可以看到词汇语义和句法框架的结合。它将词义分解为若干个概念元素,用什么样的概念元素描写词项取决于词项本身在现实世界中的表征方式。例如,Jakendoff(1991)提出[±bound]可以区分可数名词和不可数名词,但是这种方式对于描写名词语义信息非常不足。

上述几种名词语义描写方式存在一定的"缺陷",生成词库理论(1995)的创立在一定程度上弥补了现有的不足,在名词的语言知识和百科知识之间搭建了桥梁,通过四种物性角色将百科经验带入语言现象的解释当中,为名词的语义开辟了一条全新的路径。

1.4 生成词库的多层面研究

近些年来,生成词库论的进展速度非常快,科学研究规模也日益壮大。除英文以外,已应用到了法语、意大利语、西班牙语等语言的科学研究中(Godard,Jayez,1993;Johnston,Busa,1999;Tokunaga,2009)。针对不同研究者所关切的核心问题,现有的应用于生成词库理论的研究成果可分为词义构成与分解、认知隐喻与转喻、资源构建与处理等几个方向。

1.4.1 词义构成与分解

生成词库理论探索单词内在成分之间的语义结构与配合,与传统的语言科学研究较重视对词汇内容的附加形式以及句法关系不同,生成词库理论架构下的词语科学研究更为强调对词汇内在成分的语义综合及分析。

Johnston 和 Busa(1999)探讨了英文与意大利语中的复合词现象。他还指出在传统词汇语义学理论的架构下,名词性复合词长期以来都是难以分类的一个领域,并且对自然语言处理提出巨大的挑战。但是,生成词库理论却可以为这些合成词的分类提供一个可行的手段。他们通过物性结构中的施成角色、功用角色和构成角色,先后对英文中的 lemon juice、bread knife 和 glass door 等合成词的内在语义关联做出了分析,认为组成上述复合词的中心名称(head noun)和装饰名称(modifying noun)之间均具有天然物性结构的上述关联;同时,他们还将意大利语当作参考,说明了意大利语在表示截然不同的语义关系时,往往需要借助特殊的修饰词(da、di 和 a),以与表示同一语义关系的英文和意大利语中的复合词产生对应关系。利用生成词库论可以对合成词内部的语义关联关系加以考察,这有助于人们总结并归纳综合词的基本结构模型,以此为说明人们怎样习得和理解合成词提供线索,这还对多语句的合成词对译和信息资料获取都有重要意义。

Bassac 和 Bouillon(2013)也把关注的视角聚焦在具有功用角色这一特殊语义关联的复合词上。他们以法语和土耳其语为例,分别解释了在该语系下有功用角色语义关联的合成词的构成方法和词汇化过程,认为唯有利用物性结构这种丰富的词意形式才能解释在这两门语言中的复合词词汇化过程及其内部语义限定和解释方法等问题;但同时,也由于在这两门语言都具有不同的词汇化过程和语义限定,要想在它们内部进行互译也是一件相当艰苦的工作,而唯有利用物性结构理解合成词内部的语义关联之后,方可给法语和土耳其语之间在合成词领域方面的互译工作带来更充足的支持。

1.4.2 认知隐喻与转喻

隐喻与转喻其实是两个完全不同的思考方法(Lakoff 和 Johnson 1980),但因为都牵涉到了语义调整与变换的问题,在生成词库理论的框架下这两个问题也正引起学者的重视。

Bergler(2013)运用生成词库理论中的词语特征构造,对英文中的隐喻与转喻现象展开了研究。他指出"隐喻和转喻现象的形成是因为语句中的成分直接产生了不兼容的语义解读造成的,必须运用共同组合机制对它们加以语义调整。在这一过程中,语义信息起到了作用"。他指出对隐喻和转喻现象的分析必须借助词语构成和语境数据信息系统,对计算词库的研究也非常有必要。

Moravesik(2001)则认为,隐喻法并不能改变词义,还是保持了其字面用法的部分特点。基于 AFT 的词汇语义表达分析,作者首先将词汇划分为四个平面结构(相似于四个物性角色),并在此基础上通过对相应实例的观察表明词语自身的语义表达构造对于隐喻意象表达的理解起到了十分关键的意义,进而进一步说明在这些隐喻意象用法中某些词汇带有限定性的句法角色,其语义表征中特定的物性结构角色直接影响着整个的隐喻意象语义表达。同时,作者还指出借助于物性角结构的信息,能够对话语中新语境下的多义现象以及隐喻现象作出更系统的理解,由此表明隐喻意象并非来源于简单的话语规范。

Asher 和 Lascarides(2001)与 Bergler(2013)的观点比较相近,认为对隐喻意义的解释离不开词语自身的含义,而词语所拥有的语义信息又在一定程度上控制着隐喻意义的产生,所以他们都主张对词汇加以更深入的描写。在对生成词库论理论总结的基础上,他们还提出了由此产生的词汇规则,虽然能够在一定程度上规定词项可能具有的语义变动范围,但是这并不能完全确定词汇在特定语境中的隐喻语义,因为篇章为隐喻意义的产生创造了真值条件,或者语用为篇章的隐喻意义解释创造了额外的语义信息。他倡导要把词语规律与篇章构成、语用原理等紧密结合起来,才能处理好隐喻义的理解;而反过来对隐喻的认识也可以提高人们对词语含义与词汇构成的了解。

1.4.3 资源构建与处理

词汇语义资源的形成是自然语言处理应用过程中的关键,而生成词库理论中所倡导的语义描述方式为大量的词汇语义资料形成提供了指导性的解决方案。

SIMPLE 是由 EC-DGX Ⅲ 赞助的一项大型的语言项目,旨在用一个统一的模板来描述欧洲 12 种语言的语义词库信息。在 SIMPLE 中,最核心的内容就是词的描写模板和框架,也就是词库构建时所依据的实际工具,所以 SIMPLE 也被认为是一种构建于词模板基础上的词框架(template-based framework)(Busa,Calzolari,Lenci,2001)。由于 SIMPLE 对多语词汇提供了逻辑性、层级性和统一的描述,这给自然语言处理研究,尤其是信息提取、机器翻译等领域创造了很好的资源平台。

Ruimy、Gola、Monachini(2001)将关注的视角聚焦在一个比较特别的领域——词典编纂。通过借助 SIMPLE 的词汇语义描述框架,他们认为人们能够进一步地将它运用于词典编纂的实际工作当中,帮助词典学家处理词汇和词义。更为重要的是,这套模板系统并非只是一种单纯的人机交互界面或辅助工具,它对更基本的语义理论也能有所贡献。抽象名词一直以来都是各种传统词汇语义学理论难以解决的问题。因为字典编纂者的主观视角以及抽象名词在定义上的空虚性,人们常常无法得到统一的描述方法。使用物性构造框架和 SIMPLE 模型既能够对抽象词语作出更全方位的描述,又能够为词语的特性和归属问题提供解决方案,从而为字典编纂者在确定一个语义单元的物类或属性问题时提供参照和依据。

在文本语料库架构与标准领域技术方面,Pustejovsky开始建立基于语料库的另一种文本语义系统——Brandeis Semantic Ontology(BSO),目前建立的文本语义知识类别网格(type lattice)共包含了3500个文本语义知识类别的节点,包含了约40000个多义词。此外,Pustejovsky等(2009)在生成词库理论的基础上创制了一种语义标记语言GLML,并开始试图对语料实行语义标记,指明词语的语义类型(人造类、功能类、合成类)、名称与谓词相互之间的搭配关联(自然选择、类型调节或类型强迫)、词语物性结构信息(形式、构成、施成和功用)等。在生成词库基础理论研究的指引下,语法树库、论元库、有关名词化谓词的论元形成标示库、话题树库、互参关系形成标示库在不断尝试着被集成到一起(Palmer,2006)。

2 生成词库理论简介

《生成词库理论》首先由 Pustejovsky 教授发表于国际计算机语言学期刊(Pustejovsky,1991),其后于 1995 年集结成书。该理论提出很大程度地影响了词汇语义学、计算机语言学与人工智能界。从方法论上来看,生成词库理论在词汇层次上重新演绎了 Chomsky 的生成理论范式,对于语言处理与认知模组架构提出了新的观点。其倡议的语义生成机制使得词汇语义学研究对于多义的分析跳离了 Cruse(1986)提出的传统列举范式。在表达形式的丰富性方面也胜于论旨角色(Thematic Roles)理论。就理论解释力而言,也挣脱了 Levin(1993)局限于动词的分析。在语义计算的架构上,更是突破了传统基础义(Primitive-Based)与关系之二分取向。Pustejovsky 提出的生成词库观点重新赋予了基础义组合新的生命,在计算机与词典编纂学(Computational Lexicology and Lexicography)上,激起了生成式与穷尽式(Generative vs Exhaustive)的辩论。近几年,生成词库理论经过不断的完善与多语的交互验证,已经成为最有影响力的词汇理论之一。

2.1 理论概述

生成词库理论源于词义研究产生了几个问题:①述词对于论元的选择条件究竟为何?②需要多少词义才能使词义能够出现在不同的句子中?③多义性的来源是什么?④如何进行组合语义的研究?

Pustejovsky 将一词多义分为两类:对比性(contrastive)多义和互补性(complementary)多义。前者研究的是同音异义(homonym)现象,如英语中的 $bank_1$(银行)和 $bank_2$(岸),而后者研究是的逻辑多义现象(logical polysemy),如英语中的 make(形成、制造、发出、使变得、迫使、成为、作为等)。该理论关注的核心是各语言中的逻辑多义现象。生成词库理论认为,一个词语虽然在不同的句法中表现出多义,但是这些词义之间是存在重叠、共享、依存的结构性关系。

Pustejovsky(2006)将逻辑多义分为两类:一类是内在性多义(inherent polysemy),如"学校"既可以指机构也可以指处所;另一类是选择性多义(selectional polysemy),如 begin 可以选择不定式短语、动名词短语和名词短语做宾语,会因为宾语的不同而有细微的差异,但 begin 的基本意思没变。

传统语义学采用义项列举的方法来解释释义问题,如"学校"分列两个义项,begin 分列单个义项。Pustejovsky(1995)对这种静态的词汇描写方法提出质疑,要把词汇在不同句法、不同语境的不同词义,以穷举的方式列入词库,虽然很直观容易,但是不具有普遍性,也难以看出词汇语义的本质。生成词库理论主张一套更为灵活的语义解释模式,认为语言的意义是组合性的(compositional),这种组合是动态的、生成的,词项会改变自己的意义来适应组合的要求。一个词项的意义是相对稳定的,只具有基础的词义(meanings),到了句子层面,在上下文中,语义的创造性通过词项组合及一系列的语义生产机制(generative mechanisms)来实现。词项在组合中受语境的影响会进行自我调节,凸显自己意义的不同方面。因此,内在性多义的"学校"和选择性多义的 begin 这两个词在生成词库理论中都只有一个义项,具体的语义解释可以通过词项在上下文中生成。

生成词库理论保持了词项语义的单一性,把意义的变化放到组合层面解决,并提出相应的语义生成规则。那么,语义生成机制有什么?又是如何运作的?为了回答这些问题,生成词库理论提出词汇表征的描写范式,涉及了四个表达层次:论元结构(argument structure)、事件类型(event structure)、物性结构(qualia structure)、词汇继承结构(lexical typing structure),具体将在下一节详细介绍。

2.2 词汇表证的四个层次

2.2.1 论元结构

论元结构规定论元的数量、类型以及如何实现到句法的层面。论元的类型有真正论元(true arguments)、缺省论元(default arguments)、影子论元(shadow arguments)和修饰性论元(true adjuncts)。真正论元是词项句法实现的必要参数,例如:"约翰来迟了"中的"约翰"(John arrived late)。

缺省论元是参与物性结构逻辑表达的参数,但不一定要在句法上表达出现,例如:"约翰用砖盖了一栋房子"中的"用砖"(John built the house out of bricks)。影子论元是已包含在词项的语义中,它们仅可经过子类型(subtyping)或言语述明(discourse specification)的运算才能体现,例如:"玛丽用很贵的黄油抹在吐司上"中的"很贵的黄油"(Mary buttered her toast with an expensive butter)。修饰性论元是情境说明的一部分,不是具体词义描述的固有部分,通常包括时间和空间的修饰语,例如:"玛丽在周二的时候开车到纽约"中的"在周二的时候"(Mary drove down to New York on Tuesday)。

如用 ARGSTR 表示论元结构,词项 α 的论元结构可表示为:

$$\begin{bmatrix} \alpha \\ \text{ARGSTR} \begin{bmatrix} \text{ARG}_1 = \dots \\ \text{ARG}_2 = \dots \\ \text{ARG}_3 = \dots \end{bmatrix} \end{bmatrix}$$

以 build 为例,它的论元结构可以表示为:

$$\begin{bmatrix} \text{build} \\ \text{ARGSTR} \begin{bmatrix} \text{ARG}_1 = \text{animate\_individual} \\ \text{ARG}_2 = \text{artifact} \\ \text{D-ARG}_1 = \text{material} \end{bmatrix} \end{bmatrix}$$

2.2.2 事件结构

事件结构说明事件的类型包括状态事件(state event)、过程事件(process event)和转态事件(transition state),分别对应动词 love、run 和 give。Pustejovsky(1995)认为事件有子事件(subevent),其子事件与整个事件有特定的关系。因此,他引入"扩充的事件结构(extended event structure)"对事件进行描写,这些事件内部各个子事件之间的相互关系有严格偏序关系($<_\infty$)、交叠关系(o_∞)、穷尽有序交叠关系($<o_\infty$)三种,下面分别加以说明。

$<_\infty$ 表示严格偏序关系(Exhaustive orderes part of),即:前一个事件的

发生和结束都在第二个事件发生前。比如,像 kill 这样的动词涉及的两个子事件之间就存在这样的关系。严格偏序关系的事件结构描写为:$[e_3 e_1 <_\infty e_2] = \text{def} <_\infty (\{e_1, e_2\}, e_3)$。

上述定义表明事件 e_3 是由两个子事件 e_1、e_2 复合而成,e_1、e_2 存在先后顺序,e_1 先于 e_2。但 e_1、e_2 在逻辑上都是 e_3 的组成部分。

有时,一个复合事件的几个子事件可能不一定存在严格的先后次序,它们可能几乎同时进行。这种关系就是交叠关系(o_∞)(Exhaustive overlap part of)。像 buy 这样的动词涉及的两个子事件之间的关系就是这种关系。其事件结构描写为:$[e_3 e_1 o_\infty e_2] = \text{def} \, o_\infty (\{e_1, e_2\}, e_3)$。

上面的定义表明事件 e_3 是由两个子事件 e_1、e_2 复合而成,e_1、e_2 的发生几乎是同时的,并且 e_3 没有 e_1、e_2 以外的其他组成部分了。

最后一种为有序交叠关系($<o_\infty$)(Exhaustive ordered overlap),表示后一事件的发生晚于前一事件的发生,但早于前一事件的完成。致使动词(causatives)、起始动词(inchoatives)涉及的子事件之间的关系就是这种关系。其事件结构描写为:$[e_3 e_1 <o_\infty e_2] = \text{def} <o_\infty (\{e_1, e_2\}, e_3)$。

上述定义表明事件 e_3 是由两个子事件 e_1、e_2 复合而成,e_1 先于 e_2 发生,并且 e_3 没有 e_1、e_2 以外的其他组成部分了。

根据西班牙语动词"体貌"(aspecto léxico),西班牙语语言学家 De Miguel 和 Fernández Lagunilla(2000)在 Pustejovsky 三分法的基础上将事件结构分为八类:Estado(状态体)、Proceso 1(过程体 P1)、Transición 1(转态体 T1)、Logro simple 1(简单瞬间体 L1)、Logro compuesto(L+E)(复合瞬间体 L2)、Logro compuesto(L+P)(复合瞬间体 L3)、Transición[L1(L+P)+L2(L+E)](转变体 T2)和 Proceso[P+(L)](过程体 P2)。具体类型及其内部结构描述见表 2-1❶。

表 2-1 事件结构的具体类型及其内部结构

Estado(状态体)	(e)	该行为没有变化,没有终点,如:tener(拥有)
P1:Proceso(过程体)	(e1 … en)	有不同的阶段,但没有终点,如:buscar(寻找)

---

❶ 何嫣.西班牙语非典型带"se"动词中"se"的功能探讨[J].广东外语外贸大学学报,2016,27(2):93-98.

续表

T1:Transición(转变体)	[P+E]	该行为不断运动(P＝Proceso),行为运动到终点后转变成一个状态(E＝Estado),如:leer un libro(看一本书)
L1:Logro simple（简单瞬间体）	(L)	瞬间发生并结束的行为,如:explotar(爆炸)
L2:Logro compuesto（复合瞬间体）	(L+E)	行为在某一点瞬间发生(L'),接着便进入状态体(E),如:marearse(头晕)
L3:Logro compuesto（复合瞬间体）	(L+P)	行为在某一点瞬间发生后(L'),便进入不断发生变化的过程体中（P）,如: florecer（开花）
T2:Transición(T2)（转变体）	[L(L+P)+L(L+E)]	行为包含两个完成体:某行为发生紧接着进入不断变化的过程体(L+P阶段);经历一段时间动作结束,随之进入状态体(L+E阶段)
P2:Proceso(过程体)	[P+(L)]	行为逐渐变化,含有潜在的终结点,如:adelgazar(减肥)

2.2.3 物性结构

物性结构说明事物的性质结构。它从形式角色、构成角色、功用角色和施成角色四个方面反映物体的性质。这里的"物体"要作广义理解,不仅包括事物,还包括作为事物看待的动作,甚至性状等。因此,并不像Rakova(2004)所误解的那样,只有名词才有物性结构。

形式角色(Formal role,FORMAL)负责从一个区域中把物体与周围事物区别开来。包括物体的方位、数量、形状、颜色、位置等。说明位置的,比如,x arrived in y 中动词 arrive 的形式角色就是 x 最终位于 y 这个目的地。因此,arrive 的物性结构中形式角色就可以描写为:FORMAL＝at(e,x,y)。再如,house 的指称对象是由建筑材料(即一种物质)构成的,那么,house 的形式角色就可以描写为:FORMAL＝mass。

构成角色(Constitutive role,CONST)说明物体与其构成成分或特定部分之间的关系,即物体是由什么物质构成的、由哪些部分组成,包括物质、部分和重量等,比如,house 指称的构成角色为 brick 等建筑材料,说明房子是由砖头等物质构成的。又如,a wooden table 中 wooden 就是 table 的构成角色,说明桌子的材质是木头。

功用角色(telic role,TELIC)说明物体的功用或用途、执行某种行为的目的或某种特定活动的固有功能。功用角色有两种:一是直接功用角色(direct telic),如,beer(啤酒)是供人喝的,book(书)是供人阅读的;二是目的性功用角色(purpose telic),是人们通过它间接对其他事物发生作用,比如,knife(刀)是供人砍/切/削东西的工具。功用角色要作广义理解。不仅人造物有,有时自然物(甚至人)也有功用角色。生成词库理论区分了场景定义型名词,名词指称特定个体时离不开相关特定场景,如"乘客、顾客、旅客"等;角色定义型名词,不需要相关特定场景就可以来指称某特定个体,如"小提琴家、教师、打印员"等。角色定义型名词在其物性结构中有一个功用角色,比如,打印员是专门提供打印服务的人。

施成角色(agentive role,AGENTIVE)指物体的形成或产生所涉及的要素。施成角色涉及创造者(creator)、创造物(artifact)、自然物(natural kind)、因果链(causal chain)。比如,book 是作者写出来的,table 是人工制造出来的。同样,施成角色要作广义的理解。不仅人造物,而且自然物(甚至人)也有施成角色。像上文说的场景定义型名词的指称对象就有施成角色。比如,之所以可以用"乘客"来指称某些个体,一定是因为这些个体参与了"使用交通工具"的场景活动。

2.2.4 词汇继承结构

词汇继承结构用来描写词汇之间的语义联系,包括上下位关系、整体部分关系等,进而说明一个词项在一个类型系统中的位置,具体如下页图所示[1]。

Dictionary(字典)从 reference(参考书)中继承了功用角色(供参考),从 complied_matter(编撰物)中继承了施成角色(编撰),从 book(书)继承了形式角色(物体)。而 play(剧本)从"书"中继承了形式角色、功用角色 read(供阅读)和施成角色 write(写)。

---

[1] A 表示施成角色(agentiverole);F 表示形式角色(formal role);T 表示功用角色(telicrole)。

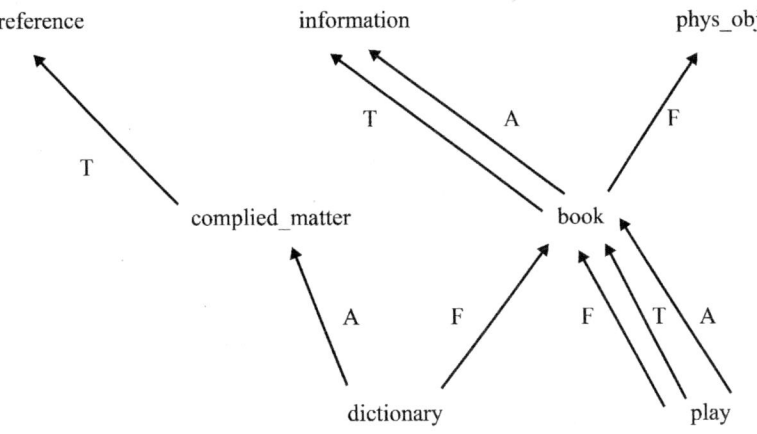

图　dictionary 的词汇继承结构

2.3　语义类型

除了物性角色这种常识经验式的描写外,从名词本身的语义属性看,名词还可以划分三种不同的语义范畴中。Pustejovsky(2013)分别称为自然类、人造类和合成类,并定义如下(李强,2015):

自然类(natural types):与物性结构中的形式角色和构成角色相关的概念,谓词来自物质域。比如:石头、水、兔子、天空、树。

人造类(artifactual types):与物性结构中的施成角色和功用角色相关的概念,谓词与这两个角色联系。比如:医生、妈妈、椅子、桌子、刀。

合成类(complex types):由两个不同的义面组成的复合概念。比如:书、报纸、杂志、唱片、音乐会。

如 chair 是人造类事物,有"坐"的功能和用途,因而可以受评价类形容词 good 修饰;而 rock 是自然类事物,一般来说没有什么功能和用途,因而在通常情况下不能受 good 修饰。合成类名词 book 是信息内容和物质实体的合体,既可以指看得见、摸得着的"物质实体",也可以指抽象的"信息内容",如在"尽信书不如无书"一句中,前一个"书"指称"信息内容",后一个"书"指称"物质实体"。同样,lunch 是事件和物质实体的合成类,既可以指吃午饭这个事件,也可以指午饭吃的食物。

三大语义类的区分以名词为出发点,动词、形容词根据其与名词语义类的对应关系,也对应地分为三大类。比如,"死"是自然类动词,"黄"是自然类形容词;"吃"是人造类动词,"舒服"是人造类形容词;"看"是合成类动词,"吓人"是合成类形容词。

综上所述,从语言学层面看,生成词库论是一种关于词义概念的理论。而从本体论层面看,它实际上更是一种关于事物本体的学说,并认为人们所拥有的词汇知识其实就是一种关于世界的分类和范畴化的知识体系架构。

2.4 语义组合机制

在生成词库理论发展的初期,Pustejovsky(1995)主要定义了三种类型的组合机制来解释语言成分的选择、调节和完善:类型强迫(type coercion)、共同组合(co-composition)和选择限制(selective binding)。分别如下:

类型强迫:动词函项将论元转变为它所需要的类型,否则就会发生类型错误。

共同组合:动词函项与论元在某些属性上相互吻合,组合之后形成新的语义。

选择限制:形容词函项选择论元部分属性特征加以限定,组合之后带来新的语义。

上述这三种机制被用来解释如下语言现象:

a. Mary wants a beer.

b. John baked the cake.

c. a good knife

例 a 中的动词 want 在语义上要求携带动作性成分,但 beer 并不符合这一语义要求;于是,want 就会强迫 beer 在语义类型上进行转变,变位 wants a beer 以满足 want 的语义要求,这就是类型强迫。例 b 中的 cake 是人造类事物,它是通过 bake 这个动作产生的,而该句的谓语动词恰好是 bake,名词的这一施成角色与谓语动词是相吻合的;所以,该句中的 bake 就有了"创造性"的语义特征,这就是共同组合。例 c 中的形容词 good 在修饰 knife 的同时自身也获得了"切得好"(cut well)的语义特征,而这是通过 good 在语义上选择 knife 的功能用途属性"切"这一过程实现的,这就是选择限制。

在生成词库理论的最新发展中,上述三类组合机制又得到了更进一步的补充和完善。Pustejovsky(2011,2013)和 Pustejovsky & Jezek(2008)区分了如下几种组合机制:

纯粹类型选择(pure type selection):函项要求的类型能被论元直接满足。如动词 fall 要求主语的语义类型为物质实体类的名词,而名词 rock 的语义类型恰好是自然类,因此 the rock fell 是通过纯粹类型选择机制进行语义组合,整个句子的语义就是名词 rock 和动词 fall 的语义之和。

类型调节(type accommodation):函项要求的类型能从论元的上位类继承。如动词 listen 要求宾语的语义类型为有声音的实体类名词,名词 music 从上位词 sound 继承了声音的语义,因此 listen to the music 通过类型调节实现了语义组合。

类型强迫:函项要求的类型被强加到论元上,通过两种方式来实现。

(1)强迫利用(coercion by exploitation),即提取论元类型结构的一部分来满足函项的要求。如,形容词 good 要求修饰的名词语义具有可评价性,在 a good teacher 的组合中,good 利用了名词的功用角色层面的信息实现了语义组合。

(2)强迫引入(coercion by introduction),即把论元包装成函项所要求的类型。如,动词 read 要求宾语的语义类型为合成类(物质·信息)的名词,而名词 rumor 的语义类型是表信息的人造类,于是 read 就通过"强迫引入"为名词 rumor 引入物质属性,从而在它们之间建构恰当的语义联系。

在原先提出的组合机制的基础上,利用上述机制对类型强迫机制进行了更加详尽的界定,并说明了机制发生的两个不同路径,这也给语言成分组合后所产生的新语义带来了更加有力的阐释能力。

综上所述,生成词库理论在处理句子意义的动态性生成问题上采取的是语义组合机制的解释方法,它被看作是语义生成的驱动力。生成词库论的创新在于它能够对语言的创造性使用作出解释,将百科知识进行语言形式表征,从而为将百科知识映射到语义解释之中提供条件。同时,它摒弃了静态词库观,对传统词汇语义学理论所提出的多义词现象进行了修正。它认为词义处于动态变化之中,不同的语境可以赋予词汇不同的语义特征,词义的多样性只不过是各种不同的组合机制所带来的语义效果,即词义具有生成性。

3 述宾结构中的语义组合

3.1 引言

述宾结构为汉语句法结构中的重要一环,主要指动作或现象与其所支配的宾语成分所组成的句段结构,有其组合多样性与复杂性。马庆株(1985)在其有关述宾结构歧义探讨一文中也表明,述宾结构存在内外部歧义现象,其结构模式具有多义性。由此,了解汉西述宾结构中的语义组合差异有利于汉西语义浮现研究,勾画语义衍生总体路径。

目前,国内对汉、外语述宾结构对比较少,且多将句法结构、语用功能等作为切入点进行对比研究,如田蕊(2021)以汉语、泰语中的述宾短语扩展方式为研究对象,从其语法意义与功能表达两个方面分析了汉、泰两种语言述宾短语的离合形式,认为两语言述宾短语有其特殊性,呈中低级词汇化趋势。汪文婷(2012)对缅甸语、汉语述宾结构进行了剖析,从宾语类型、语法结构、语用、韵律等方面总结了缅汉述宾结构异同,如从语义角度来看,两语言述宾结构中使用频率较高的宾语类型都为受事宾语。袁焱、潘武俊英(2008)则从句法结构、语义、韵律等方面入手探讨汉语、越语述宾结构的句法特点,发现该结构在两类句法中存在差异,如越语述宾结构中宾语紧跟述语,与其联系较紧密,而汉语中述语与宾语间可添加多种成分,结构更为丰富。总体来看,学界较少引入生成词库理论,从生成词库这一角度探讨述宾结构中的语义组合特点。

为了进一步理解西班牙语与汉语的述宾组合语义生成机制,本章将基于生成词库理论,分别对西班牙语动词 apretar(按压)、汉语动词"抓"词义演变进行考察,根据词源及词典现有释义描写其基本词义,给出该词汇基本概念表征模式。与此同时,我们也将收集提取"apretar$_v$＋N""抓$_v$＋N"结构,归纳其结构特点,并以"apretar""抓"在各结构中的衍生词义为切入点,探讨其宾语在述宾结构语义衍生过程中的话语角色。

3.2 apretar 词源及其基本词义表征

apretar 为西班牙语不规则变位动词,常指某人对某一物体施加一定强度的压力。这一动词虽与西语典型轻动词 dar(给)、echar(出)、tener(有)在语义上相比较为更"重",但同样具有多义性,如《西班牙语辞典》(Diccionario de la lengua española)DLE 共收录其语义 14 条,惯用语用法 2 条,能与各类名词组合并衍生出较为丰富的语义。接下来我们将对 apretar 进行详细描写。

3.2.1 apretar 词源

根据《西班牙语辞典》DLE❶,apretar 来源于拉丁语 appectorāre,为 ad 与 pectus 组合演化而来,Segade Quintas(2020)释其为"把……引向胸口"(atraer algo hacia el pecho)。借助西班牙皇家语言学院 RAE 创设的词典数据库 NTLLE(Nuevo Tesoro lexicográfico de la lengua española)❷,我们发现动词 apretar 最早于 1495 年出现在西班牙语言学家 Nebrija 编著的词典上,其释义为拉丁语 premō,即动词 premere 第一人称变位,意为"压"。1611 年,Covarrubias 在其所编撰的词典上则对 apretar 进行了更为详细的阐释,并首次涵盖了其与名词搭配使用的条目,如 apretar la mano,释义为"不给出他人所要求的一切"(no alargarse a dar todo lo que se pide),或 apretarle las calcaderas,指"在其后陪跑,助其以更好状态冲刺的动作行为"(correr tras él con ligereza, poniéndole en cuidado de apresurar la carrera)。除此之外,Covarrubias 也对 apretar 的常用俗语做了标注,如 nadie sabe dō me aprieta el çapato,与汉语表达"鞋子合不合脚,自己穿了才知道"意指类似。

1726 年 RAE 编撰出版《权威辞典》(Diccionario de Autoridades),其中共收录了四条关于 apretar 的释义:①限制、紧压(restringir, estrechar),如

---

❶ DLE 词典数据库搜索引擎。
❷ NTLLE 词典数据库搜索引擎。

紧握剑柄(apretar la espada);②苦苦追随、束缚(acosar, seguir con fuerza),常用于描绘战争或争斗场合中一方对另一方穷追不舍的场面;③虐待、压迫、造成伤害(maltratar, oprimir, ocasionar mal y daño),如指天气很冷(aprieta el frío);④催促、搅动、刺痛(instar, avivar, aguijar),如让某人痛心(le apretaba en lo más vivo del corazón)。该词典同样涵盖"apretar$_v$＋N"结构的搭配,如早期 Covarrubias 所标记的 apretar la mano,但意义却已变为"增加力度、严格性"(añadir fuerza y rigor),且可转指"确认"(assegurar, afirmar y confirmar la palabra);又如新加入的词条 apretar el argumento, la dificultad,意指"增强了相反理论的理据性"(añadir fuerza y eficacia la razón que en contrario se alega)。1770 年 RAE 对该词典进行了更新,其中 apretar 释义并未有变化,但惯用语 apretar el argumento, la dificultad 释义变为"难以解决"(ser de muy difícil solución), apretar la mano 除已有释义外还可表示"惩罚"(castigar),表达 apretar el paso(加快步伐)更是首次进入词条列表。

1780 年 RAE 推出《惯用词典》(Diccionario Usual),该词典大致沿用 apretar 已有释义,并未对该释义或"apretar$_v$＋N"相关条目进行明显增添或删改。18 世纪到 20 世纪间,《惯用词典》不断得到修订, apretar 的词义也越来越丰富,如 NTLLE 词典数据库中可追溯到的最末一版《惯用词典》(1992 年),就已收录 apretar 释义 13 条,与 1780 年版本相比细化增加了以下释义:①衣服紧(vestir los vestidos ajustados);②策马、鞭马(espolear al caballo);③拉紧(aumentar la tirantez para que haya mayor presión);④紧缩(reducirlo a menor volumen);⑤使密集(apiñar);⑥严格对待(tratar con excesivo rigor);⑦约束(constreñir);⑧激活(activar);⑨画画加重阴影(dar apretones),但除 apretar la colada en la lavadora(把衣服塞进洗衣机)外,并未标出其他"apretar$_v$＋N"结构表达或示例。

3.2.2 apretar 现有释义

了解 apretar 词源及词义演变后,我们也对其现有语义进行了确认与收集,其中较为权威的《西班牙语辞典》DLE、《现代西班牙语大词典》(第一版)对 apretar 词义的收录具体见表 3-1、表 3-2。

3 述宾结构中的语义组合

表 3-1 《西班牙语辞典》DLE "apretar" 释义表

词性		及物性	释义	汉译
apretar	动词	及物	estrechar algo contra el pecho o ceñir	抱紧
			oprimir, ejercer presión sobre algo	按压或施加压力
			dicho de un vestido u otra cosa semejante	衣服或类似物品紧，勒
			aguijar, espolear al caballo	策马、鞭马
			aumentar la tirantez de lo que sirve para estrechar, para que haya mayor presión	拉紧，以便有更大压力
			estrechar algo o reducirlo a menor volumen	紧缩或将其缩至较小的体积
			apiñar, juntar estrechamente cosas o personas, dar cabida	使密集、紧实，便于容纳
			acosar, estrechar a alguien persiguiéndole o atacándole	骚扰、紧逼（伴随追赶或攻击）
			tratar con excesivo rigor, con estricto ajustamiento a ley o regla	严格对待
			constreñir, tratar de reducir con amenazas, ruegos o razones	试图以理据、恳求或威胁来约束某人
			activar, tratar de llevar a efecto con urgencia o instancia	紧急激活
			obrar con mayor esfuerzo o intensidad que de ordinario	以比平常更大的努力或强度行事
		不及物	coloq. embestir, cerrar con alguien	（口语）冲撞某人
			Pint. dar apretones	（画作）加重阴影

表 3-2 《现代西班牙语大词典》"apretar"释义表

词汇	词性	及物性	释义	汉译
apretar	动词	∅	oprimir o ejercer presión	按压或施加压力
			venir demasiado ajustada una prenda de vestir	衣服勒
			apiñar, comprimir o juntar estrechamente	使密集、紧实
			acosar con ruegos, con razones o con amenazas	骚扰（或基于理据，或恳求，或威胁）
			referido a algo que sirve para estrechar, tirar de ello para que ejerza una mayor presión	指用于拉紧的物体，拉扯以便施加更大压力
			referido a algo que tiene rosca, enroscarlo con fuerza hasta el tope	指螺纹状物，拧紧
			actuar o darse con mayor intensidad que la normal	以比正常情况下更大的强度行事

两字典中，《西班牙语辞典》DLE 所收录释义较《现代西班牙语大词典》更为详细，且基本涵盖后者所列举条目，有其全面性。而相较于 1992 年版的《惯用词典》，DLE 除将释义 13（"冲撞某人"）加入"apretar"词义条目外，总体沿袭其已有释义，并未呈现出较大的差异。在解释"apretar"释义时两本字典中出现过的"apretar$_v$＋N"结构有 apretar las cosas de la maleta（把东西紧塞进行李箱）、apretar los tornillos（拧紧螺丝钉）、apretar los cordones de los zapatos（系紧鞋带）、apretar la colada en la lavadora（把衣服塞进洗衣机）。

3.2.3 apretar 基本词汇表征

生成词库理论认为，所有词项都有其单一稳定的释义，且都可从论元结构、物性结构、事件结构及词汇类型结构四个层面进行描写。根据"apretar"词源、词义演变、现有词典释义排列顺序及释义词频我们认为"按、压"为"apretar"基本词义,与 Segade Quintas(2020)观点一致。根据 Pustejovsky(2005)给出的论元、物性、事件等结构的基本描写模式,"apretar"词汇概念结构可具体表示如下:

生成词库理论认为,所有词项都有其单一稳定的释义,且都可从论元结构、物性结构、事件结构及词汇类型结构四个层面进行描写。根据"apretar"词源、词义演变、现有词典释义排列顺序及释义词频我们认为"按、压"为"apretar"基本词义,与 Segade Quintas(2020)观点一致。根据 Pustejovsky(2005)给出的论元、物性、事件等结构的基本描写模式,"apretar"词汇概念结构可具体表示如下。

论元结构:

$$\left[\text{ARGSTR} = \begin{bmatrix} \text{AGR}_1 = x: \text{animate\_ind} \\ \text{AGR}_2 = y: \text{phys\_object} \\ \text{D-ARG} = \text{hands} \end{bmatrix} \right]$$

论元结构中,"apretar"带有两个真论元,一个指"按、压"施动主语的有机个体,一个指受事物质实体,除此之外,还携带默认论元"手",默认其动作施成是由手这一部位完成的。

事件结构:

apretar: L3
         /\
        L P

根据 De Miguel 和 Fernández Lagunilla(2000)的八类事件结构及西班牙语特有的"体范畴(aspecto léxico)"来看,动词"apretar"可细分为完成体 L3(L+P),为瞬间性动词但又具有"持续性"([+durativo])、"渐进性"([+gradual])等特点。当我们说"estoy apretando el acelerador"(我正在加速),即使是未真正完成"踩踏加速板"这一动作,往加速板施加压力(he apretado el acelerador)这一动作也已发生,而不像转变体(transición)中需做完某一件事这一动作才算真的完成。如"estoy leyendo un libro"(我正在读一本书)并不意味着"he leído un libro"(我读完了一本书)。此外,脚与加速板之间的压力是逐渐增大的,当完成"压"这一瞬间动作后,仍然可以继续往下压使得其越压越紧。

物性结构：

$$\text{QUALIA} = \begin{bmatrix} \text{FORMAL=evento} \\ \text{TELIC=to make it tight（apretado）} \\ \text{AGENTIVE=apretar\_act, by human or animals} \end{bmatrix}$$

物性结构中，"apretar"的形式角色为事件，功用角色则为使得某物紧或被压紧，无可松动空间，施成角色则可理解为"按、压"这一动作，可由人或动物施成。

3.2.4 apretar 宾论元语义类型

根据生成词库理论，各词汇可由其所代表的意义内容分为人造类、自然类及合成类三类词汇。而我们在西班牙皇家语言学院 CREA 语料库、CORPES 语料库、在线语料库索引工具 Word Sketch Engine(WSE)以及各类网页对"apretar_v+N"结构检索发现，"抓"所连接的宾论元三类词汇均有涉及，且涵盖多类强事件名词[1]：

（1）自然类名词。

例1　la mano/las manos（手）

a. La mujer me aprieta la mano agradecida.（女人感激地握紧我的手。）

b. … un ejercicio muy sencillo: junta y aprieta las manos por delante del pecho.（……一个非常简单的练习：双手合十并在胸前挤压。）

c. "Soy el comandante Pablo. Tú eres periodista, no?" y me aprieta la mano hasta crujirme los huesos.（"我是巴勃罗指挥官。你是记者，对吗？"他一边问一边和我握手，我的手骨头都快被捏碎了。）

名词"mano"（手）为人体器官，是物种自然进化的结果，属于自然类名词。"手"可从其整体性出发，作为单独的平面承受外力的压制，如例1a中因感激而被握住的手。另外，基于其自身构成属性，"手"与"apr eta"搭配使

---

[1] 韩蕾（2004）指出，事件名词为词汇名词性与动词性的对立中和，必然兼具事物性与动作性。根据这一论断，"事件名词"可划分于 Pustejovsky 的合成类名词范畴。但同时韩蕾也表明，"事件名词并非均类的质"，即使是原型事件，也存在事物性的差异，由此，我们将由动词演变而来的强事件名词单独提出成一个类别，以区分合成类名词中物质、信息性更为强的事件名词。

用还可表示其内部的相互挤压,如例 1b 中双手合十,两只手相互按压以施加压力。

例 2　los labios(唇)

a. Apretó sus labios contra los míos.(他将唇紧覆住我的唇。)

b. Pero esa forma de apretar los labios y arquear las cejas me recuerda a…(但那种抿唇和挑眉的方式让我想起了……)

c. Apreté los labios, indecisa entre entrar o pasar de largo.(我抿了抿唇,犹豫是进去还是直接走过。)

"labios"(唇)同样为人体器官,有其自然属性。"apretar"与"嘴唇"搭配使用时可理解"唇部"为一个平面,如例 2a 中被另一双唇压上的嘴唇,也可理解为上下两唇间的互相挤压,如例 2b、2c 中的抿唇,即上唇对下唇施加压力以使其合拢。

例 3　los dientes(牙齿)

a. Aprieta los dientes, involuntariamente su rostro se contrae en…(他咬着牙,脸不由自主地皱成一团……)

b. Tendré que apretar los dientes para aguantar el dolor.(我必须咬紧牙关才能忍住疼痛。)

c. El hecho de apretar los dientes ejerce presión sobre la estructura bucal.(咬紧这一动作会对口腔结构施加压力。)

"dientes"(牙齿)为人类进食的重要器官,其作"apretar"宾语时用法同"嘴唇"类似,但与"手""嘴唇"两类"内外皆可压"名词不同的是,由于牙齿生长于口腔内部,且大部分时间都挡于闭合唇部之后,"牙齿"几乎并不能单独作为平面去接受外力挤压,在语料收集过程中我们也并未发现有其作为平面运用的相关实例,只能与"apretar"搭配表示上牙与下牙的内部挤压,如例 3。

例 4　el puño/los puños(拳)

a. Su deseo de ahorcar a Olivia es tan intenso que debe apretar los puños.(他想要绞死奥利维亚的欲望是如此强烈,以至于他紧握住双拳。)

b. Para ello habrá que apretar el puño con fuerza y …(要做到这一点就必须用力握住拳头。)

c. Observé que volvía a apretar los puños al bajar la vista.(当她低头时,我看到她的拳头再次握紧。)

"puño"(拳)为人体手部五指向内聚拢时的手部形状,当其搭配"apretar"使用时与"牙齿"类似,即只能表示其内部(手指与手掌)间的相互施压,如例4三句中的"紧握、用力握拳头"。该用法与汉语"拳头"较为不同,汉语中"拳头"能够充当平面,成为抱拳礼中承受压力的部分身体部位。

例5　los dedos(手指)

a. Y que nos apretaba los dedos con sus manos heladas.(他冰冷的手抓住了我们的手指。)

b. Sin dejar de apretar los dedos contra las palmas de las manos.(继续将手指压在手掌之上。)

c. Cuando apretamos los dedos en un puño,es porque nuestro cerebro está diciendo a los músculos de la mano a apretar.(当我们将手指握成拳头时,这是因为我们的大脑正在命令我们手中的肌肉作握紧之势。)

"dedos"(牙齿)则与"dientes"或"puño"相反,当其与"apretar"搭配使用时只能作为整体被按压或成为按压主体,如例5a中被冰冷双手压握住的手指,例5b中各手指紧贴以按住手掌,例5c中将手指握成拳状。

例6　alguien(某人)

a. Recuerdo que la acción de apretar a alguien frecuentemente es terapéutica.(我记得频繁按压某人这一动作是有其治疗意义的。)

b. Que "los policías" los contrataron para "apretar a alguien".("警察们"雇用他们来"给某人施压"。)

"alguien"(某人)一词相对较为复杂,当且仅当其指代人本身,且未将其具体化,叠加姓名、职业等人造角色时,为自然类名词,如例6。当"apretar"与"alguien"搭配使用时可理解为压在某人这一物质实体之上,如例6a,除此之外,两者搭配时也存在语义衍生,如例6b,我们将在下文详细讲解。

(2)人造类名词。

例1　el botón(按钮)

a. Él apretó el botón del elevador.(他按下电梯按钮。)

b. Para darse de baja,teclee su dirección e-mail y apriete el botón Enviar.(要取消订阅,请输入您的电子邮件地址并按"提交"按钮。)

c. Uno,dos,tres,he apretado el botón de "play".(数一二三后,我按下了"播放"按钮。)

名词"botón"(按钮)为人类生产使用的物品,有其特有功用价值,属于人造类名词。除其本身指代的物质实体(例 1a)可接受压力与"apretar"搭配使用外,还可表示虚拟的按钮,如例 1b、1c 中的"enviar"(发送)、"play"(播放)按钮。

例 2   el gatillo(扳钩)

a. …y disparar hasta que el dedo se canse de apretar el gatillo.(不停射击直到手指太累扣不动扳机。)

b. La gente se acerca y aprieta el gatillo disparando al vacío, sin balas.(人们走近,扣动扳机一顿空射。)

c. Sabemos quién "aprieta el gatillo" y quienes son las víctimas.(我们知道是谁"触发"了该事件以及谁是受害者。)

"gatillo"(扳钩)虽为非平面物体,但存在用以扳、扣的位置,便于接触及接收外部外力。"apretar"与其搭配使用时表示"扳动扳机",如例 2a 中射击直至扣不动扳机,例 2b 中朝空中无弹射击。除此之外,"apretar el gatillo"也可用以隐喻,如例 2c,表示触发、引出某一事件,使某事件发生。

例 3   el acelerador(加速器)

a. No es una buena idea para los que les guste ir apretando el acelerador.(这对那些喜欢踩油门的人来说不是一个好主意。)

b. Si al apretar el acelerador del auto nos encontramos con que…(如果在加速时,我们发现……)

c. No hemos parado de apretar el acelerador en ningún momento.(我们任何时候都没有停止过加速。)

"acelerador"(加速器、油门)由于其平面属性,可作为"apretar"的宾论元承受外力按压,如例 3 三句示例中的"踩油门"这一动作。"油门"可不断往下踩压,直至越踩越紧,达到车辆最高车速。

例 4   la tuerca-el tornillo/los tornillos(螺母-螺栓)

a. Es imprescindible usar dos llaves, una para apretar la tuerca y otra para sujetar fijo el tornillo.(必须用两把扳手,一把用于拧紧螺母,另一把用于将螺钉固定到位。)

b. Cuando apretamos la tuerca de freno, aumentamos la fricción entre los discos.(当我们拧紧刹车螺母时,会增加刹车盘之间的摩擦力。)

c. Ahora instala la palanca y aprieta el tornillo hasta que la palanca no quede suelta.(现在安装杠杆并拧紧螺钉,直至其不松动。)

d. Colocamos los latiguillos en la bomba, apretando el tornillo a mano hasta el final.(我们将软管放入泵中,并用手拧紧螺丝。)

"tuerca"(螺母)与"tornillo"(螺栓)相对较为特殊,当"apretar"与两宾论元搭配使用时不仅表示对其进行按压,还伴随扭紧,使两物体紧贴契合的动作状态。"tornillo"还可表示"螺钉",当其作"螺钉"意时,"apretar el tornillo"则表示其所连接的两物体被拧紧。螺钉状态并未发生改变,改变的是螺钉和两物体之间的关系:螺钉变得更加嵌入,两物体也从松散变为紧密。

例5 la ropa(衣物)

a. Una lástima, seguiremos apretando la ropa en nuestra lavadora tradicional…(真可惜,我们还得继续用老洗衣机洗衣服。)

b. …que me ha sido difícil apretar la ropa en una maleta rebosante ya de ilusiones.(我很难再往已装满梦想的行李箱里塞衣服了。)

用以蔽体御寒的人造名词"ropa"(衣物)同样可以充当"apretar"的宾论元,但常常需要搭配表容器的地点补语使用,如例5a中的"在老洗衣机内",例5b中的"在行李箱内"。此时,"apretar"指将衣物压缩,以便其在所提及的位置地点内占据更少的体积。需要注意的是,若单单使用"apretar$_v$+衣物"这一表达可能会出现歧义,"衣物"可能会转变为主语,表示衣服勒、过于紧,如"me aprieta el vestido",指裙子对我来说有点紧。

(3)合成类名词。

例1 el calendario/la agenda(日历、日程表)

a. …la Copa del Rey apretó el calendario y permitió un mayor reparto de minutos.(国王杯赛事收紧,使后续时间分配更为自由。)

b. Todo parece indicar que apretar el calendario genera efectos contraproducentes.(一切似乎都表明,缩紧日程只会产生适得其反的效果。)

c. Esto a veces lleva a paradojas como apretar la agenda de la semana para apuntarse a yoga.(这有时会导致一些悖论,例如收紧一周的日程以便参加瑜伽课程。)

"calentario"(日历、日程表)属于合成类名词,即从自然类和人造类中继承、组合角色类名词,可描写为"物质·内容"(PHYSOBJ·INFO):一方面,其作为物质实体有其个体属性和存在形式;另一方面,其又涵盖着日程信息供人参考,如例1a中在原计划的国王杯赛程信息上增加了比赛使得日程更加紧凑,或又如例 1b 指出,收紧日程,提前完成日程安排可能会效果不好,与原来的期望大相径庭。

例 2   el paso(步伐)

a. A veces prefieres apretar el paso y escapar de un tipo que puede ser peligroso.(有时你更愿意快点逃离一个可能很危险的人。)

b. Un nuevo aullido resuena, él aprieta el paso y el bosque se difumina a su alrededor.(一声嚎叫响起,他加快了脚步,周围的森林逐渐消散为淡影。)

c. Pero si aprietas el paso y conviertes el paseo en una marcha rápida de media hora…(但如果你加快步伐,把步行变成半小时的快速行进……)

"paso"(步伐)也可表示为"事件·物质"(EVENT·PHYSOBJ),除其所涵盖的"脚、足"这一自然类人体部位,还包含了"走动、跨步"这一事件,如例 2a 中加紧步伐以避开潜在危险的动作、例 2b 中加快脚步远离森林和不明野兽的嚎叫、例 2c 中加快步伐以全速前进。

例 3   la letra(字母)

a. Esto pasa cuando apretamos la letra A en el teclado del ordenador.(当我们按下计算机键盘上的字母 A 时,就会发生这种情况。)

b. …donde se aprieta la letra exageradamente por falta de espacio.(由于空间不足,字显得非常挤。)

"letra"(字母)同样可描写为"物质·信息"(PHYSOB J·INFO),除物质字母实体外,还包括字母上所涵盖的文字信息。而当其与"apretar"搭配使用时,既可以表示可按压的键盘上的字母实体,如例 3a,又可转指事件,表示字越写越密以节省纸张空间,如例 3b。虽然例 3b 为自复被动句,并非述宾结构,但"字母"仍处于受事状态,承受"apretar"施动动作。

(4)强事件类名词。

例   la clasificación(排名)

a. Thierry Neuville querrá repetir la victoria del año pasado para apretar la clasificación.(蒂埃里·诺伊维尔希望重复去年的胜利继续领跑积分榜。)

b. Se aprieta la clasificación, hasta la última jornada no vamos a saber quienes serán los finalistas.(排名现在跟得很紧,不到最后一天我们都不知道谁是赢家。)

c. La victoria del Sevilla aprieta la clasificación. (塞尔维亚队的胜利使得名次争夺更为激烈。)

"clasificación"(排名)为动词"clasificar"演变而来,事件义较为显著,为强事件类名词。当"apretar"与该名词搭配使用时,"apretar"存在语义衍生,不指其"按压"基本意义。我们将在下文详细讲解其语义衍生机制。

从"自然类""人造类""合成类""强事件类"四类名词数量来看,"自然类""人造类"宾论元最为常见,而"合成类""强事件类"则相对较少。虽然"自然类"宾论元数量与"人造类"一致,但由于其自然、非人为创造属性限制,该类型名词数量有其限度。而"人造类"则限度较低,可继续推导类似表达。

3.2.5 [apretar_v＋N]语义衍生机制

在前文收集的"apretar_v＋N"惯用结构基础上,下文将继续从 CREA、WSE 等语料库、网页收集提取多项真实语料了解其间存在的语义衍生现象,并拟从各名词的物性结构探讨其对动词 apretar 语义衍生的影响,分析各结构最终语义的生成机制。

3.2.5.1　apretar 与自然类宾语组合

例1　apretar los puños/los dientes(紧握拳头、咬紧牙关)

a. Sólo queda apretar los puños y seguir adelante y luchar. (只剩下握紧拳头,继续战斗。)

b. Actúa, muévete, aprieta los puños y lucha. (行动,移动,握紧拳头和战斗。)

c. Pero sabemos que debemos apretar los dientes y buscar la victoria. (但我们知道,我们必须咬紧牙关,寻求胜利。)

d. Son momentos de apretar los dientes y redoblar la ilusión. (现在是咬紧牙关,加大期望的时候了。)

和中文类似,"apretar los puños/los dientes"在以上例句中都不仅仅指"握紧拳头""紧咬牙关"的具体动作,而更是指代攻克难关、奋勇向前的精神。这一意义的延伸主要与"拳头""牙齿"的功用角色有关。"拳头""牙齿"虽然都属于主要凸显形式和构成角色的自然类名词,但其功用角色仍十分

3 述宾结构中的语义组合

显著。首先,"拳头"意指五指向内握紧的手,拳面朝外,主要用于攻击敌人,当人握紧拳头时,一般是其出击的前序准备,而"apretar los puños"便利用这一角色将其引申为面对敌人或困难时的状态,不特指具体动作。其次,"牙齿"是脊椎动物的高度钙化组织,坚硬度较高,一般用以咀嚼、咬碎食物或物品,由此,往牙齿施加压力(apretar los dientes)便转为紧咬牙关。但需注意的是,西语中"牙齿"(dientes)需要用到复数,表示上牙与下牙间的压力激增。而"紧咬牙关"这一状态并不是牙齿的自然生理现象,反而通常由紧张、坚持忍受某一令人不适事件等情绪引发,由此引申出"面对困难要坚持到底"之意。

例2 apretar a alguien(压制某人)

a. No entiendo para que apretar a alguien para preguntarle eso.(我不明白为什么要逼别人问这个。)

b. … y no puedo estar más furiosa, siempre apretando al trabajador hasta ahogarnos.(……我简直气得不得了,总压榨我们这些工人直到把我们搞死。)❶

在例2中,"apretar a alguien"也不再是压某人这一具体动作,脱离了其实际含义而转变为较为抽象的"施压"。根据对"人"这一名词物性角色的分析,可知其形式角色为物质实体,可承受外力靠压。而其构成角色则为各人体器官、血管、脂肪等,且内部也存在压力,有如储存物料的容器。两类角色的组合使得"物理按压某人"可以引申理解为"向某人内部、精神世界施加压力"。除此之外,"apretar"在例2b中甚至不止于"施压"这一意义。对于工作者们来说,上级在"施压"的基础上还包括榨取劳动力直到"我们被榨干"(hasta ahogarnos),这一意义的变化主要利用了"人"具象化为"打工人"这一职业范畴后的功用角色。作为"卑微打工人",其首要的功用角色即为服从上级领导的工作安排,尽最大努力为其所属公司或单位创造最大效益。

3.2.5.2 apretar与人造类宾语组合

例1 apretar el tornillo/la tuerca(拧紧螺母、螺栓)

a. Cuando estemos tapando hay que apretar los tornillos poco a poco y

---

❶ 本例句中,apretar的宾语——trabajador(工人)实为人造类名词,负载人造社会角色,但为更好分析apretar a alguien表达,特放置于此。

en cruz.(我们关它时得一点一点地交叉拧紧螺丝。)

b. …mientras que Rodolfo se disponía a apretar la tuerca con una llave de tubo y una llave fija.(……而鲁道夫正准备用套筒扳手和扳手拧紧螺母。)

c. Fue el ejecutor madrileño quien primero apretó la tuerca…(是马德里的负责人首先"拧紧了螺母"……)

例1a、1b中,"apretar"已不再符合其基础语义"按、压",而是加入了"扭紧、使两物体得到紧密连接"等义项,这一变化主要与"tuerca""tornillo"的物性结构有关。首先,从其形式角色来看,螺母与螺栓(钉)均为带有螺纹的物质实体,须通过螺旋式向下施加压力以完成其功用。构成角色中,两物体也均包含螺纹坯料,螺栓(钉)则还包括螺杆。而谈到其功能角色,螺母与螺栓(钉)皆作为紧固零件制造而成,用以连接、固定物体,且常需搭配使用。当这三类角色共同组合在一起时便激活、增加了 apretar"拧"的释义。螺母与螺栓一旦承受"拧"这一动作,就逐渐从原来的"松动、分离"状态转变为"联合、紧固"状态,这也赋予了"apretao"改变事物状态(cambio de estado)的特性。值得注意的是,例1c中"apretar la tuerca"更是直接跳出宾论元的实际意义,转而借助该表达涵盖的"向……施加压力"特性隐喻前者向后者施压,具有隐喻性。

例2 apretar la ropa(拧干衣服、紧密叠放衣服)

a. Apreté la ropa con las manos para escurrir lo que pude.(我尽可能挤压衣服以把它拧干。)

b. Nunca aprietes la ropa para que quepa más.(永远不要为了能装进更多衣服而压挤衣服。)

当"apretar"与"衣服"搭配使用时,可指拧干衣服中的水分,如例2b,这一义项的浮现与"衣服"的构成角色有关。湿掉的衣服可视为包含水分的物理空间,当对其进行挤压时便可将水分挤出。除此之外,这一结构也可理解为塞紧衣服,使其在相应的容器内占据更小的空间,具有空间属性,如例2b。这一属性的增加主要与"衣服"的形式角色与该结构常暗含的外部物理容器或空间有关。衣服属于物质实体,带有可承受压力的平面,可与外部容器产生压力。该外部容器也可显性化为具体的空间地点,如 en la lavadora(在洗衣机内)、en el armario(在衣柜内)、en la maleta(在行李箱内)。有趣的是,根据 Segade Quintas(2020),"apretar la ropa en la maleta"也可表述为"apretar la maleta"（压行李箱），利用行李箱的功用角色"装衣物、物品"来表示其"紧塞、紧压行李箱内衣物"的真正意义。通过语料检索，我们发现确实存在"apretar la maleta"这一表达，但语料相对较少，如 WSE 数据库仅显示五条语料记录。而类似结构如"en la lavadora""en el armario"则未存在该表述转换现象。

例 3　apretarse el cinturón（勒紧裤腰带）

a. Las familias se aprietan el cinturón para afrontar la crisis.（各家庭勒紧腰带以应对危机。）

b. Somos los primeros en apretarnos el cinturón y reducir los gastos es importante.（我们是首先减少开支的那批人，减少开支很重要。）

"腰带"（cinturón）在"apretarse el cinturón"一结构中也与原指代的"勒紧皮带"这一具体动作较有不同，而是转指"节省开支"，与汉语"勒紧裤腰带"的引申义类似。究其意义引申路径，则主要与腰带的功用角色有关。作为人造物质实体，腰带的首要作用在于系紧裤子以不使其往下掉落，在其系紧裤子的过程中，腰带从整个空间的最外侧向衣物与身体环绕式施加压力，使得前者紧贴后者。而后者"身体"又为容纳人体一切器官及生存物质的容器，如若受到外力挤压，该容器空间也将变小，如未进食的空扁腹部。食物在过去又曾是各家各户最主要的花销之一，缩食也就意味着缩减开支。由此，"节俭度日"这一衍生意义建构完成，例如 3a 中各家庭为度过危机选择克勤克俭、精打细算，例如 3b 中"我们"认为减少开支十分重要，选择节俭度日。需要注意的是，"apretarse el cinturón"结构中"apretar"带有"se"，为自复动词，当其搭配宾语"el cinturón"时不为标准意义上的动宾结构，但"el cinturón"仍为其句法上的宾论元，"se"不过代表其动作作用到了主语人称之上。

3.2.5.3　apretar 与合成类宾语组合

例 1　apretar el paso（加快步伐）

a. A veces prefieres apretar el paso y escapar de un tipo que puede ser peligroso.（有时你更愿意走快点，远离身边可能很危险的人。）

b. ...pero necesariamente "tenemos que apretar el paso" y en ningún momento cantar victoria.（但我们必然得加快步伐，决不高唱胜利之歌。）

在两例句中，"paso"（步伐）不再是指代双脚跨步时前脚与后脚间的步伐间距,而是转指双脚的连续运动频率,为事件名词。当"apretar"与其搭配使用时便表示提高步调频率,加快走路速度。这一意义的转变主要受"paso"的施成角色影响,具体来看,步伐是人体调动躯干、骨盆、踝关节、膝关节等身体部位共同运动产生的结果,从其首次着地到迈步到再次着地有其独特运动周期。由此,通过借助"迈步"这一循环施动动作,"apretar el paso"语义便可得到衍生,表示提高迈步频率以增加走动速度,具体如例1a。除此之外,例1b中也凸显了"apretar el paso"的隐喻意义,认为"我们"不应该面对一时的胜利与荣耀选择自大自满,高唱胜利之歌(cantar victoria)而停滞不前,而是应该"apretar el paso",意指奋力踏步,继续全速前进,毫不松懈,不具体指代"迈步"这一具体动作。

例2 apretar la letra(使书写更为密集)

　　a. … donde se aprieta la letra exageradamente por falta de espacio.(由于空间不足,字显得非常拥挤。)

　　b. Masculló entre dientes, cerró la frase apretando la letra y firmó …(他咬牙切齿地嘟囔了一句,写完句子签完了字。)

　　c. Esto pasa cuando apretamos la letra A en el teclado del ordenador.(当我们按下计算机键盘上的字母 A 时,就会发生这种情况。)

"letra"(字母)在此例句中表示"书写",为事件类名词,搭配"apretar"组合为动宾结构时表示密集式书写,以便更好地利用相对较为窄小、运笔困难的纸上空间,如前文已展示讲解过的例2a,或是表示"他(她)"把字都挤在一起写得以写完句子的例2b。根据"letra"的物性结构,我们可以看出"letra"为带有墨迹的物质实体,需要与纸张或可刻画的平面等载体同时存在,其施成角色则为动作"写",而正是这一施成角色激发了其"书写"的语义,使得其成功与"apretar"搭配使用并用以表示"字越写越密麻"。随着科技的发展,写字也逐渐演变成了键盘上打字,"letra"也可指专门用以按压的字母按键,形式角色及功能角色得到凸显。在这两类角色的影响下,"apretar la letra"语义再次得到衍生,可以表示按压手机或电脑等电子设备所配备的字母键盘,如例2c。

例3 apretar la agenda/el calendario(加紧日程)

　　a. … un sentimiento de culpabilidad por no disponer de un horario más amplio que intentamos compensar a toda costa apretando la agenda lo máximo posible.(我们为没有充裕的时间感到内疚,为了弥补我们总是使

出浑身解数来紧缩日程。)

b. Dentro de los varios proyectos que actualmente <u>aprietan la agenda de Tim Burton</u>…(在目前挤满蒂姆伯顿日程的各种项目中……)

c. Se ha vuelto a <u>apretar el calendario</u> de competición, al tener que disputar tres partidos en menos de siete días.(比赛日程再次收紧,不到七天就要打三场比赛。)

例3中,"agenda""calendario"也不再是单独的物质实体,而是转指其所安排的事件,凸显事件名词属性。从两词物性角色来看,其形式角色及功用角色为该语义衍生的主要影响因素。无论是日程表还是日历,其上都涵盖时间、日期等信息,有其特有形式角色。而再看其功用,时间信息主要为人类日程安排服务,有助于人们管理日常生活,合理有效地支配自己的空余时间。通过对其形式角色和功用角色的利用,"apretar la agenda/el calendario"便可以表示紧缩日程,以留出更多空闲时间以供支配,如例3a中"我们"因没有更宽裕的时间而感到内疚,想尽可能地去挤压日程以留出更多可支配时间来弥补。同样,例3b中导演蒂姆·波顿的日程安排被各式各样的项目所占满,日程较为紧凑,但值得注意的是,在这一例句中,"apretar"施动主语并非有机物质实体"人",而是无生命人造名词"项目"(proyectos),表示项目事件多使得日程紧凑。例3c中"比赛日程"充当"apretar"的宾论元,表示比赛紧凑,七天之内需要打三场比赛。

例4 apretar la síntesis(简要概述)

a. <u>En una apretada síntesis</u> podríamos decir que los actores sociales construyen sus identidades a través de los personajes que sus principales tramas narrativas les proveen.(简要来说,我们可以认为演员主要通过其主要叙事情节提供的角色来进行身份构建。)

b. Este documento, <u>en apretada síntesis</u>, reafirma la tradicional doctrina católica sobre la unicidad de la Iglesia.(该文件简要重申了关于教会独特性的传统天主教教义。)

需要注意的是,"apretar la síntesis"为笔者根据语料推导出的表达,无直接实例。从搜集到的语料来看,存在"síntesis apretada"(简要的概述)这一表达,如例4a、4b。在"síntesis apretada"这一结构中,"síntesis"为事件名词,表示概括这一事件及其涵盖的信息范畴,动词"apretar"过去分词"apretada"则转换为双重补语,既修饰概括所涵盖信息的简要性,又突出概括这一动作。这一结构属性可推导出在语法上"síntesis"可充当"apretar"的宾论元,类似"pan comido"同样可以推导出"comer el pan"。语法合理化"apretar la síntesis"后,其句法结构及语义还需进一步厘清,了解为何"apretar"可与抽象名词"síntesis"搭配使用。我们认为这主要与"síntesis"的功用角色及施成角色有关。根据其物性结构,"síntesis"为人为创造抽象名词,主要指用以概括、综述的话语句段,以便对话者能够快速理解其表达内容或文本,施成及功用角色明显。由此,"apretar"搭配"síntesis"可表示简要概述。

3.2.5.4 apretar 与强事件类宾语组合

例 apretar la clasificación

a. Phoenix no aprovechó la derrota de Dallas para apretar la clasificación y cayó ante el peor equipo de la liga, Sacramento.(菲尼克斯太阳队没有在达拉斯独行侠队落败之时抓住机会挤进前列,反而溃败于联赛最差球队萨克拉门托国王队。)

b. Thierry Neuville querrá repetir la victoria del año pasado para apretar la clasificación.(蒂埃里·诺伊维尔希望重复去年的胜利继续领跑积分榜。)

c. Una victoria en este encuentro les permitiría apretar las cosas en la parte alta de la clasificación.(在这场比赛中取胜将帮助他们占据积分榜前排位置。)

在例 1 三句示例中,"clasificación"(排名)跳出排名榜单这一人造物质实体,转而指代对相应结果进行名次排列这一动作事件,与"apretar"搭配使用可表"力压对手,抢争前排"之意,凸显其施成及功用角色。根据分析,"clasificación"为人为设置的等级分化表,主要按照一定的量化标准或方法对各个体、事物等进行等次评判,一般会至少分出一等、二等及三等。其存在的基本意义为将差距更为直观地展现出来,帮助人们找出最优选择或就该差距进行反思,调整相应战略。通过这对两类角色的利用,"apretar"得以搭配"clasificación"表示压制对手,争占榜单前列排名之意,如例 1a 中,菲尼克斯太阳队没有在达拉斯独行侠队落败之时抓住机会重回榜单较前排名;例 1b 中车手蒂埃里·诺伊维尔则想再次领跑排名榜。根据语料,"apretar la clasificación"也可详细表述为"apretar las cosas en la parte más alta de la clasificación",如例 1c。

分析可见,"apretar"与人造类名词搭配较多,且人造类、合成类搭配结构语义衍生也较多,与强事件类名词搭配较少、语义衍生较少。而在语义衍生机制中,"抓"搭配自然类、人造类名词时多依靠其形式与功用角色,而搭配合成类、强事件类名词时则多依靠其施成与功用角色。总体来看,"抓"与宾论元功用角色互动最多,多通过对其功用角色的利用完成语义浮现。

为对比研究汉西述宾结构语义衍生现象,我们选取了汉语动词"抓"作为西语动词"apretar"的对比研究对象。与"apretar"类似,"抓"与手这一身体部位息息相关,且在其相关表达上与"apretar"存在义项交集,如"抓紧双手"与"apretar las manos/los dedos"(双手紧握、握紧某人的手)。除此之外,"抓"作为常用多义词,语义丰富,延展性强,如近几年公文中常见表达"抓典型",研究意义较高。

3.3 "抓"词源及基本词义表征

3.3.1 "抓"词源

根据汪维辉(2020)《"抓"的字词关系补说》一文,"抓"大概产生于汉代,曾在历史上先后记录过五个词,分别为:①读 zhāo、zhǎo、zhào,义为"搔";②读 zhǎo,相当于"爪";③读 zhǎo,义为"扎";④读 zhǎo,相当于"找";⑤读 zhuā,相当于"抓",有其时代性。在该文中,汪维辉对这五类词一一进行了考察与溯源,指出最初为使字形表意更为清晰,人们将常用于记录名词功用的"爪"分化为"抓"以表示其动作,至此,从汉代到元代,"抓"与"爪"在表"搔、掐"义之时都为异体字(前文①)。而在唐五代时期,"抓"则引入"爪"的名词角色,同时作为名词"爪"的异体字常见于佛经(前文②)。宋代以后,为避免歧义"抓"又重回动作义,仅指动作,且因为与表扎、束之词同音,增加了"扎"这一释义(前文③)。明代后,"抓"同样用以记写指代"找"的北方口语词汇,该词汇于清代固定写作"找"(前文④)。至于本研究所关注字词释义"抓(zhuā)",即第五项,汪维辉指出"抓"读作"zhuā"一现象出现较晚,但最迟源于元代,涵盖"抓住;抓取""搔挠"两个义项,且可写作"挝"。而关于到底是先有"抓"还是先有"挝",汪维辉表示"抓"出现更早,并以元刻本《古今杂剧·看钱奴买冤家债主》及明臧晋叔所编《元曲选》本中所出现的"抓"与"挝"字为例,指出"元人写作'抓',明人把它改成了'挝'"。

语文辞典《汉语大词典》释"抓"之"搔"义时也以"抓,搔也"为该释义例证,而该例子出自三国魏时成书的训诂著作《广雅·释诂二》,可见"抓"一字形源之久远,可能介于汉魏年间。通过北京大学CCL语料库,我们也搜索到"抓"2073条相关古汉语语料,其中所记录朝代较早的有唐代,其次则是五代时期,再往后则有北宋,以及离现当代相对更近的元、明、清三朝等:

例1 箪食伊何,蹦瓜抓枣。仰厕群贤,幡然一老。《酬诸公见过》(唐)

例2 以一只履击王头破,抓面血流,妃闻而出,郑氏乃得还。《野朝金载》(唐)

例3 酒有千斛,肉乃万抓。一概均分,食无高下。《敦煌变文选》(五代)

例4 明日亦是如此。都不曾抓著那痒處,何況更望掐著痛處。《朱子語類》(北宋)

例5 小娘子趁早说来,我们好去抓寻。《元代话本选集》(元)

例6 ……喝声"风",就是风,果然的就是飞砂走石,劈面抓头。《三宝太监西洋记》(明)

例7 子牙大喜,上了武吉的功。就把哪吒激得抓耳挠腮,恨不得要出营厮杀。《封神演义》(明)

例8 就纵筋斗,跳在半空,刷的落下来,要抓那妖。《西游记》(明)

例9 还是大小子好。他到底儿给我抓抓痒痒,孝顺孝顺我呀。《七侠五义》(清)

例10 见我去了,林姑娘就抓了两把给我,也不知多少。《红楼梦》(清)

如例句所示,各古汉语语料中"抓"多意为"抓取""搔挠",且存在多类"抓"引导的述宾结构,如"蹦瓜抓枣"(例1)、"抓耳挠腮"(例7)、"抓妖"(例8)、"抓痒痒"(例9)等,但多基于"抓"已有义项进行搭配使用,未有语义衍生现象。

3.3.2 "抓"现有释义

与描写"apretar"类似,我们同样对"抓"进行了语义确认,搜集了《现代汉语词典》《新华字典》《汉语大词典》三类词典工具书中"抓"的释义,其中《现代汉语词典》(第七版)共收录"抓"释义六项、《新华字典》(第十二版)共收录四项、《汉语大词典》则共收录十项,且精选书籍中例句为例证,辞典特性凸显。三类词典工具书中"抓"的释义具体见表 3-3 至表 3-5。

三词典中,《新华字典》释义最为基础,《现代汉语词典》次之,《汉语大词典》释义范围则相对最广。三词典均包含的释义有:抓取、搔挠、掌握、捕捉、着力办某事,其中"抓取""搔挠"在各词典释义中排列靠前,为对"抓"字在元代已有义项的沿袭与继承。

表 3-3 《现代汉语词典》"抓"释义表

	词性	及物性	释义	示例
抓	动词	∅	手指聚拢,使物体固定在手中	一把～住|他～起帽子就往外走
			人用指甲或带齿的东西或动物用爪在物体上划过	～痒痒|他手上被猫～破一块皮
			捉拿;捕捉	～土匪|老鹰～走了一只小鸡
			把握;掌握	～住时机|～要点
			加强力量做(某事)、管(某方面)	～工作|他分工～农业|把经济～上去
			吸引人注意	这个演员一出场就～住了观众

表 3-4 《新华字典》"抓"释义表

	词性	及物性	释义		示例
抓	动词	∅	用指或爪挠		～耳挠腮
			用手或爪拿取		～一把米|老鹰～小鸡
			引	①捕捉	～贼|～逃犯
				②把握住,不放过	～工夫|～紧时间
			着力办理		～农业|～工作|～重点
			引人注意		这个演员一出场就～住了观众

表 3-5 《汉语大词典》"抓"释义表

词性	及物性	释义	示例（部分）
抓 动词	∅	搔,用指甲或带钩齿的东西在物体上划过	抓,搔也
		用手、爪取物或握物	他手放在口袋里,紧紧地抓住那卷钞票
		掌握	他方面炳生先生也抓到些新知识
		逮捕;捕捉	它被饿鹰抓着了
		谓匆忙寻找	抓着被褥就是被褥,抓着衣服就是衣服,全拿去塞城门缝子
		控制;吸引	一阵恐怖的感觉抓住了我
		束;系	且取一个大篾筹,把索子抓了,接长索头,扎起一个架子,把索抓在上面
		弹筝的动作。因近似以手抓物,故称	远望西秦有天子气,那强兵营里我去抓響筝
		配中药之称	花上十块请个大夫来,再花十块抓剂药
		谓加强领导或特别注重去做某方面的事情	我们矿山要搞四个现代化建设,不仅要生产,还要抓人的政治思想,道德面貌

3.3.3 "抓"基础词义表征

根据词源,"抓"最原始的词义为"搔挠",较"抓取"义更早进入"抓"词汇表层,而随着其义发展,"抓取"义也已成为其基础词义,与"搔挠"同为"抓"释义首要涵盖条目,甚至在《现代汉语词典》中,"抓取"之意已先于"搔"义作为第一释义条目出现,可见其基础性与重要性。下文将以"抓取"义为"抓"基础词义对其进行描写,并认为其基本词汇概念结构可具体描写如下。

论元结构：

$$\text{ARGSTR} = \begin{bmatrix} \text{AGR}_1 = x: \text{animate\_ind} \\ \text{AGR}_2 = y: \text{phys\_object} \\ \text{D-ARG} = \text{hands} \end{bmatrix}$$

其论元结构与西语"apretar"一致,具体来看,"抓"同样带有两个真论元以及一个默认论元"手",既需要"抓"这一施动主语个体,又需要受事物质实体,为二元谓词。余宁(2012)更是从题元关系出发,指出了"抓"类动词论元具有施事、受事、与事、结果、源点、终点、时间、频次、数量等多种语义角色。

事件结构:

```
抓:    L3
      /  \
     L    P
```

根据 De Miguel y Fernández Lagunilla(2000)的八类事件结构来看,"抓"同样可表示为 Logro(L+P)(复合完成体 L3),具有"动态性"([+dinámico])、"非持续性"([-durativo])、"渐进性"([+gradual])特点,因为五指聚拢为"抓",为瞬间事件,但却并不意味着事件已完成,因为手部还可施力使其越抓越紧,涵盖后续过程事件,由此可图示为以上结构。

物性结构:

$$
\text{QUALIA}= \begin{bmatrix} \text{FORMAL=evento} \\ \text{TELIC=para que esté en control} \\ \text{AGENTIVE=抓\_act, por humano o animales} \end{bmatrix}
$$

物性结构中,"抓"的功用角色为将某物控制住,形式角色及施成角色则与"apretar"类似,此处便不再赘述。但值得注意的是,如上文所述,五指聚拢才为"抓",其施动主体涵盖"手指"一部位,而西语动词"apretar"仅靠"手"足以施动,不一定包含"手指"。

除此之外,贾红霞、李福印(2018)根据 Talmy(1985)提出的动词框架语言(verb-framed language)与卫星框架语言(satellite-framed)理论[通过主要动词(词干部分)词汇化语言或依靠动词以外的附着词词汇化语言]调查发现,"抓"类动词的词汇化模式较为多样化,可通过卫星语素、动词词根或者并列结构编码对其"实现"这一语义核心进行表征,其中卫星语素类词汇化模式趋向性更强,以"抓"一词最为明显,如"抓住""抓获"等表达,均附着外部词汇以凸显其"完成、实现"之状态。由此,本书在筛选"抓"引导的述宾结构时将包含此类附着语结构,不对其进行剔除。

3.3.4 "抓"宾论元语义类型

下文通过北京大学 CCL 语料库、国家语委现代汉语平衡语料库、Word Sketch Engine 等语料库及网页收集到多项"抓"引导的述宾结构,其中"抓"宾论元如 apretar 所接宾语类似,自然类、人造类、合成类、强事件类名词均有涉及:

(1)自然类名词。

例 1 人

a.后来还有一个熟人打电话,问他是不是在 7 月 5 日抓了一个人?

b.再不严格法制,气候一到,还会随便抓人,抄家,私设公堂。

c.因为他们在滕公馆只抓了几个人,不到十个人。

如例 1 所示,"抓"可与自然类名词"人"搭配,表示将人控制住,限制其人身自由。在这一表达中,"抓"施动部位"手"所涵盖的直接触碰动作相对淡化,主要凸显其控制能力。该结构也常包含完成体助词"了",如例 1a、1b,使得其"实现、完成"义更为明显。

例 2 身体部位

a.蜘蛛猴抓了抓头皮说:"对不起,是我想得不周到,让你们白跑了一趟。"

b.我伸出手去抓她放在桌边的手。

c.小猴眨眨眼,抓抓耳朵,半天说不出话。

"抓"可搭配多类身体部位使用,如头皮(例 2a)、手(例 2b)、耳朵(例 2c)等,但身体部位多不可分离,无以"抓取","抓"接身体部位类名词时便多表示"搔挠",再现其原始词义。例 2b 中"手"则相对较为特殊,作"抓"宾语与其搭配使用时除可表示搔挠手部皮肤表面外,还可表示将别人的手放于自己的手中,凸显"抓取"之意。

例 3 动物

a.不管白猫黑猫,抓住耗子就是好猫。

b.电影里还拍下了金钱豹在深夜怎样爬上树去抓猴子,鳄鱼怎样在河边的沙滩上产卵。

c.没有个把时辰,他就能抓来三四只螃蟹。

动物类自然名词也可为"抓"的常用宾语,如例 3 中的耗子、猴子、螃蟹。在 3 个例句中,"人"均为"抓动物"的施动主语,但除此之外,动物类名词也可作"抓"的施动主语连接动物宾语,如"猫抓耗子"这一经典表达。

例4　无生命自然实体

a.它没精打采地<u>抓一把雪</u>搓成一个雪球,又团成一个大雪球,在地上滚着玩,又不耐烦地把雪球猛踢出去。

b.或和小伙伴们一起,在渗凉的荫凉下玩<u>抓石头子儿</u>,或用小树枝儿在棋盘似的方格格里摆开阵势,玩"狼吃娃"。

c.看看衣袋里的米撒完了,我<u>抓了一把沙</u>,"啦……啦……"毫不吝惜地撒下去,过了半天,浮标动了,捞上来的是半寸长的鲫鱼。

"抓"还可搭配无生命类自然实体名词使用,如"雪"(例4a)、"石头"(例4b)、"沙"(例4c),表示用手抓该类自然实体并将其置于手掌之中。其中,"雪""沙"为不可数名词,需嵌入量词"把"将其量化,以便"抓取"。根据萧国政(2004)的观点,"把"可作集合量词,其所标记的量为被计量对象的群体量,如本例中"一把雪""一把沙"所标识的均为群量性的雪、沙。

(2)人造类名词。

例1　人造食物

a.陈剑光放下笔,<u>抓了个面包</u>,边吃边说:"我说你白天去卖苦力,晚上就别去药厂干了。"

b.于是他急如星火朝着面包俯冲下去,双爪<u>抓住面包</u>又呼啦一下飞上天空。

c.调查人员从现场还看到不少顾客在娱乐时,用手<u>抓零食</u>和用手沾唾液捻纸牌等现象。

"面包""零食"为人造食物类名词,用以果腹充饥,满足人类机体正常能量需求。"抓"与该类名词搭配使用时默认论元"手"作用较显著,如例2b、2c均涵盖"用手""用爪"相关表达。此外,"抓"与"面包"组成述宾结构时可与个体量词"个"搭配,突出其可量化特征,而"零食"为不可数集合名词,在该述宾结构中难以用"个"进行体量标记。

例2　人造一般物品

a.一阵急促的电话铃声,顿时驱走了警犬浑身的疲劳,他呼地跳了起来,一把<u>抓起了电话机</u>。

b.张巨等人快步走到自己位置前,一边就座一边就<u>抓筷子</u>。

c.成人可在孩子从仰卧翻至侧卧<u>抓玩具</u>时,把玩具稍往远移一点,孩子就会又顺势翻成俯卧姿势的。

"电话机""筷子""玩具"同为人造实体物品,其中"电话"用以传送与接收声音,为远程沟通与交流助力,"筷子"用以进食,便于将食物夹起送入口中,"玩具"用以休闲娱乐,谓"玩"。"抓"可搭配该类实体物品使用,表示将其抓握于手中。"抓起了电话机"中的"起"同样为附着词,强调"完成"义。

例3　人造身份、职业

a.我是民国三十三年被日本抓来的劳工。

b.李四哥见了他们,好不高兴,连忙说:"你们回来得正好,咱们今天抓了八个伪军咧。"

c.关一帆四下看看,本能地想抓住什么东西以防飞船突然加速。但四周空无一物,最后只能抓住医生。

"劳工"(例1a)、"伪军"(例1b)、"医生"(例1c)均为人造身份类名词,有其特定功用,如"劳工"为专门从事苦力劳动的底层群体,"医生"为专门救死扶伤的职业角色。这类人造名词继承了自然名词"人"这一自然物质基础,作"抓"宾语时同样多表受其施动主语控制,无法脱身,如例1a和1b。例1c控制义则相对较弱,重点关注"紧抓住、不放开"状态。

例4　人造其他抽象名词

a.因此,要进一步增强信心,抢抓机遇,乘势而上,勇往直前,努力开创南澳经济社会发展的新局面。

b.强化执行流程、施工细节,狠抓工程质量,力求做到规划合理、质量过硬。

c.陈建民先生用了一种模糊语言,机智地把紧急的形势化解掉了,使对方抓不到漏洞。

"机遇""质量""漏洞"等名词均为人造抽象名词,无物质实体作为载体或依托。因此,"抓"与该类名词搭配使用时无法以"抓取"之意进行纯粹类型选择,需与各表达物性结构相协调,激活相应角色并浮现出新的语义。

(3)合成类名词。

例1　物质·内容(Materia·Info)

a.她一把抓起稿纸,将它们撕了个粉碎,把安眠片狠狠地摔在了地板上。

b.此刻,他正抓着一本书,坐在岩壁底下的青石板上,聚精会神地读着呢!

c.他猛转过身,一排长却随手抓起一张报纸,装做看报,不再说话了。

"稿纸""书""报纸"类名词均为复合名词,其词汇范畴除指称纸张、书本这一实际物体外,还涵盖信息概念,可翻阅,可诵读。"抓"与该类名词搭配时一般选取其物质实体形式,显示其"可抓取"之特点。例句中,"起"(例1a,1c)、"着"(例1b)分别出现于"抓"引导的述宾结构中,"起"类似"住",表完成,"着"则表示书放于手中的状态。

例2 事件·物质(Event·Materia)

a.今天,我一大早地起床,<u>抓起早餐</u>狼吞虎咽地吃下去,拿起书包就往门外跑。

b.在这个问题上,过去是跑偏的。所以<u>中国足球抓了20多年了</u>,还是搞不上去。

c.手小怎么<u>抓住篮球</u>?

"早餐""足球""篮球"等同类名词都为事件与物质合成的名词,如早餐不仅指代吃早餐这一事件还指早餐所涵盖的具体食物,"足球""篮球"则除指球类本身外还指其球类运动,带有事件属性。"抓"可与该类名词搭配,且通常为基本语义"抓取",但也有例外,如"抓足球",我们将在下文分析"抓"语义衍生时详细讲解。

例3 事件·内容(Event·Info)

a.现实中有些中介机构只知<u>抓收入</u>而不知负责任,这不利于证券市场的发展。

b.《环球时报》怎样<u>抓独家新闻</u>?

c.长期以来,会议一直是我国各种新闻媒体的一个重要的新闻源泉。因此,记者们不得不经常泡在会议中去<u>抓新闻</u>、写新闻。

"收入""新闻"等名词为事件加内容类合成名词,如"收入"可指经济利益流入这一具体事件,又可指所得钱财额度这一相关信息;"新闻"可指新闻报道,又指新近发生事件的具体的信息。由于该类名词无物质实体基础,"抓"与该类名词搭配使用时常跳出"抓取"基础意,不表具体动作。

(4)强事件类名词。

例1 竞赛

a.在新的一年里,我们要认真搞好改革,实实在在地<u>抓好训练和竞赛</u>,进一步办好棋队。

b.我们从<u>抓数学竞赛</u>的过程和效果中深切地感受到:数学竞赛与新课程理念是相吻合的:即学生的发展要从两个维度去认识。

例2 培训

a.妇联、工会的各级组织要与有关部门配合,<u>抓好保教队伍培训</u>,提高她们的政治思想和业务水平。

b.1984年,地区植保站农业技术员马授华来这个村搞棉花技术承包,狠抓农民的棉花技术培训,当年平均亩产皮棉75公斤,使农民尝到了学科技的甜头。

例3 考勤

a.老板会在业绩不好或闲着没事干时抓考勤,考勤变成了老板自己找心理平衡的方式。

b."抓考勤"本身没有什么明显的收益,但它可以给遵守规则的员工以正向的激励,这就是隐性收益。

"竞赛""培训""考勤""革命""赌博"等为强事件类名词,不涵盖或较少涵盖物质、信息、结果等多面义项,而注重凸显事件起始、持续时间、结束等多方面事件属性,可由"场""次""轮"等量词修饰表事件频率,如"一轮竞赛""一次考勤""一场革命""一次培训"等。该类名词也常用作动词,如"考勤了"中的"考勤","不要赌博"中的"赌博"。"抓"与该类名词搭配时不指代"抓取"这一具体动作,与人造类涵盖事件性质的名词类似。

根据上述例子,"抓"可连接自然、人造、合成、强事件等多类别名词,各类别数量未有显著差异,与"apretar"自然类、人造类宾论元较为常见这一论断较为不同。但同"apretar"宾论元类型类似的是,"抓"自然类名词由于其自身属性,数量仍受到限制,相较人造类、合成类或强事件类搭配创造性较少。

3.3.5 "抓 v＋N"语义衍生机制

3.3.5.1 "抓"与自然类宾语组合

例1 抓眼球

a.著名营销策划人孙先红相信"经营企业就是经营人心,'抓眼球'、'揪耳朵',都不如'暖人心'"。

b.走进书店,新书装潢得更加抓人眼球。

c.最抓人眼球的还有它那奇妙的"换头术"。

d.昨日在大阪文物一条街,一件品相完好、雕饰精美的青铜器抓住了他的眼球。

"抓(住、人)眼球"并非其字面义,解释将人的眼球拿取在手中之动作或抓着眼球的状态,而是指"吸引人的注意力"。在该结构语义衍生路径中,

"眼"的功用角色——"看"起了较大作用:眼球为眼部的重要组成部分,而当人们受到外界事物吸引时,会不自觉地看过去,集中精神在这一新奇事物上,由此,抓住"眼球",也就抓住了"眼",抓住了"看",抓住了人的注意力,"眼"的功用角色显现。该表达除可添加附着词"住"外(例1d),常嵌入"人"这一眼球所属范畴,组成相对较固定表达"抓人眼球"(例1b,1c)。

例2 抓住某人的心

a.痛风,正在越来越年轻化的一种疾病,每次发作真的是抓心挠肺的疼!

b.抓心挠肺的三人行,顶级海王的从良路,胜过官配的CP感!

c.这种情感越能抓住少年的心,他们就越加迫切地想要知道、思考和理解。

d.她的竞选演说充满情感,极富感染力,牢牢抓住了听众们的心。

"心"为人体内部器官,当其作"抓"的宾语时不可按字面义理解,而是表示"让人难受",且常与"挠肺""挠肝"组成"抓心挠肺(肝)"表达使用(例2a,2b)。这主要与"心"的形式角色有关:"心脏"有其物质实体特性,但需与人体共存,如若被分离出来让外界触碰,人体则是不完整的,是伴随疼痛的,由此"抓心"有"疼痛、难受"之意。此外,"抓"搭配"心"时也可激活其构成角色,表示抓住人的情感、心绪(例2c,2d)。在这一语义衍生路径中,容纳血液、细胞等人体生命物质的容器"心脏"被抽象化为容纳人情感的心理空间,构成角色得到凸显。这一结构常表述为"抓住某人的心","某人的"一般不可省略,可能是为与"抓心"直接表达出的疼痛语义相互区别。

例3 抓住某人的胃

a.抓住一个人的心,要先抓住他的胃。

b.抓饭,抓住我的胃,偷走我的心。

c."热一下就能吃"的预制菜,能抓住年轻人的胃吗?

d.26元一杯的高铁奶茶,如何更能抓住乘客的胃?

与"心脏"类似,"胃"为人体内部器官,通常情况下不可抓取。"抓"搭配其使用时为语义衍生,表示"某样食物使得某人喜爱,难以割舍"之意,如例3b中的"抓饭"、例3c中的"预制菜"及例3d中的"高铁奶茶"。该语义演变主要与"胃"的功用角色及形式角色有关,首先,"胃"用以储存食物,助消化,辅吸收,其功用与食物关系紧密;其次,"胃"为人体难以分割的一部分,两角色与"抓"进行互动后便激活其"食物过于美味,成为某人难以舍弃的羁绊"之意。同样,与"抓住某人的心"表达类似,"抓住某人的胃"结构中"某人的"

这一属性短语不可省略,需完整表述。

根据分析,可见这一类名词与"抓"搭配时形式及功用角色较为凸显,多有引起其注意、成为其放不下、忘不了的羁绊之意。

3.3.5.2 "抓"与人造类宾语组合

例1 抓典型

a. 要及时总结推广经验,抓好典型,表彰先进,推动工作。

b. 要在进行历史回顾的基础上,抓住那些确实具有代表性的典型事例,作认真的解剖和深入的分析……

c. 县委拿出两条对策:一是委员们分头到各乡村抓典型,用事实来说服人。

d. 抓典型,进行典型事实的宣传,这既是一项重要的领导方法和领导艺术,同时又是报纸宣传的重要方法。

"典型"为抽象人造名词,难以用手抓获,当该名词同"抓"搭配使用时表"以点概面,注重典型事件,以典型事例为标杆行事或以典型事例为戒",如例1a所述,我们要注重典型事例,将其经验进行推广,或如例1b表示,我们要回顾历史,注重历史进程中的典型事件,对其进行分析以资借鉴。这一语义的浮现主要由"抓"与"典型"一词的功用角色互动造成,"典型"一词指称有代表性的人或事物,用以突出、借鉴最具共性、最具普遍经验的人物事例,该角色与"抓"组合便激活了其"将某物置于手心"的"中心"义,共同表达"关注典型事例、以典型事例为鉴"这一概念。与该结构语义衍生机制类似的还有"抓重点""抓关键""抓要害""抓主要矛盾"等表达。

例2 抓机会、时机

a. 成人在生活中也要有意识地为幼儿创造条件,抓住一切机会,随时随地培养幼儿的同情心和利他精神。

b. 这比起抓时机来说,难度要大,但运用适当,往往能由此解决一个难题或打开一个局面。

c. 诱发性问题的提出要有秩序,要抓准时机。

d. 抓住机会展示自己其他才能等都是有可能产生"亮点"的方式。

根据《现代汉语词典》,"机会(时机)"指"恰好的时候",为人造抽象名词,不可抓取,不可按字面义去理解"抓住机会"这一表达,而是表示"敏锐察觉机会、利用机会"之意。这一语义的转变主要与"抓"同"机会"功用角色的相加交互有关。恰当的时机并没有形式标准,为具有时间性的不可控客观条件,且附带"被利用"这一功用属性而存在,常做"把握""错失"等动词的宾语。"抓"与"机会"搭配使用时将后者具象化,并通过其功用角色成功表达出掌握时机、利用时机这一义项。

通过分析可见,"抓"与人造类名词搭配使用时语义衍生类型较少,且多利用宾论元的功用角色进行语义衍生,浮现察觉、关注之意。

3.3.5.3 "抓"与合成类宾语组合

例1 抓足球

a.在这个问题上,过去是跑偏的。所以中国足球抓了20多年了,还是搞不上去。

b."足球要从娃娃抓起",怎么抓是个问题。

c.文中称,高层方面做出像抓奥运一样抓足球的指示,并不是说要用抓奥运金牌的举国体制去抓职业足球,而是要像重视奥运会一样重视足球。

"足球"常与动词"踢"搭配使用,表示踢动"足球"这一人造物质实体。而当"抓"与其搭配使用时并不表示用手去抓握足球,而是指重视踢足球这项运动,投入较多时间、精力、资金去维护足球这一国内相对较为弱势的运动事业。这一意义的转变主要与"足球"的形式角色及功用角色有关:"足球"可描述为"物质·事件(运动)",除指代皮革或其他材料制成的球形物体外,还可涵盖"足球运动"这一义项,指称两球队以球为运动中心,用脚支配、控制球并互相进行防守、对抗的体育项目;"足球"是用以"踢"的,"踢"为其基本功用。而"抓"又表示"抓起,将某物放于手中",有"置某物于中心"之感,由此,谓语动词"抓"与"足球"形式角色交织联动,浮现出重视踢足球这一运动之意。

例2 抓教育

a.发展科学技术,不抓教育不行。靠空讲不能实现现代化,必须有知识、有人才。

b.一个地区,一个部门,如果只抓经济,不抓教育,那里的工作重点就是没有转移好,或者说转移得不完全。

c.他和你们胡书记一样,懂得抓教育的重要性。对学校建设的重视,表明他是个明白人。

d.要像有些省市已经做的那样,不仅主要领导人抓教育,而且政府的各部门,特别是综合部门都能主动关心教育。

"教育"为非物质实体,无法按字面理解其为"抓取教育",而应理解为

"高度重视教育、加强教育投入",与"抓足球"结构中的"抓"语义类似。这一语义的浮现同样是动词"抓"与"教育"形式、功用角色互动的结果。根据其物性结构,"教育"为合成类名词,既涵盖知识资源这一抽象概念,如"公平的教育",同时又指代传递知识、促进人身心健康发展的实践过程,如"苦口婆心地教育";而之所以存在"教育",正是为了调动社会资源、减小阶级差异。"抓"利用这两类角色进行语义再生,搭配名词"教育"表示紧抓教育这一基础公共事件,为教育投入相应资源,重视教育、关注教育,以促进阶级流动,减少差异。

例3 抓新闻

a. 从业20多年来,他运用笔墨和镜头,以独特的视角与思考,抓新闻,跑现场,写采访,拍照片……

b. 如何抓"头条新闻"和"独家新闻"。

c. 这时,刘梦出现在视屏上,朝我诡秘地笑笑,问:"怎么样,抓独家新闻的滋味不好受吧。"

d. 今天居然让我抓住了这条新闻,我真为自己庆幸。

"抓"与"新闻"一词搭配使用时可表示"报导新闻",如例3b与3d,指"撰写、报导独家新闻",这主要与"新闻"的施成角色有关,"新闻"是"报导"出来的。此外,"抓新闻"还可理解为"致力于发现可供报道的事件",激活"新闻"的形式角色及功用角色(例3a、3d)。如前文所述,"新闻"为合成类名词,既可以为事件,如"一段新闻",通过量词"段"表达事件发生的空间、时间距离,又可以传达其所报道的新闻信息,如"一则新闻",搭配量词"则",凸显其信息条目。而"新闻"也涵盖将有价值的信息向外传递这一功用,当"抓"与其搭配使用时,可使得其形式、功用角色凸显,表示将可供报道的事件置于施动主语管控之下,使得其可编写,可发布。

例4 抓问题

a.《市场报》在宣传上要真正抓问题,切忌形式主义,一般化,不疼不痒,那样群众是不会喜欢的。

b. 它坚持科学社会主义理论和实践的基本成果,抓住"什么是社会主义、怎样建设社会主义"这个根本问题……

c. 要敢碰硬抓问题,一查到底。

d.《新闻纵横》是抓问题的节目,里边有不少批评报道,这无疑给采访增添了难度。

"问题"一词为合成名词,可描述为事件·信息,既表示提问这一事件,有其持续时间,又表示具体的问题信息。"抓"与"问题"搭配使用时并不表示"将问题控制于手中",而是指代"关注某一已有问题、关注某一方面",如例4a中提醒《市场报》在宣传方面要关注真正重要的问题,切忌一般化;例4b中表示要关注"什么是以及如何建设社会主义"这一领域,凸显"问题"的"信息"类形式角色。除此之外,"抓问题"还可以理解为"勇于提出问题",如例4c中可认为要敢于提出问题,一查到底。这一语义变化主要与"问题"的施成角色有关,问题是被"提"出来的,是施动主语根据其自身经验对现实世界所产生的质疑,由此,"抓问题"可以表示"提出问题"。

基于其合成属性属性,合成类宾语与"抓"搭配使用时多显现出两种或两种以上的角色作用,其中形式角色与功用角色出现次数最多,更常与"抓"进行互动。

3.3.5.4 "抓"与强事件类宾语组合

例1 抓建设

a.各级党组织包括各级纪委,应当把更多的精力放在<u>抓好党风建设</u>和党性教育上。

b.第一,<u>抓好制度建设</u>,制定、修订出一套本系统防止不正之风产生的制度。

c.我们一定要在<u>抓紧社会主义物质文明建设</u>的同时,<u>抓紧社会主义精神文明建设</u>,认真反对资产阶级自由化,大力加强思想政治工作,坚决纠正一手硬、一手软的状况。

d.同时,大力<u>抓好社会主义精神文明建设</u>,继续加强社会主义民主与法治建设,进一步提高首都文明城市建设水平。

"建设"虽在"抓建设"一结构中作名词,但其本身具有强事件属性,常作动词,表示创立新事业、建立新体系等。当其与"抓"组合成述宾结构时表示重点关注建设事业并将其做好,如例1a中把更多的精力放在党风建设上,做好党风建设;例1b中着力做好制度建设;例1c、1d中大力做好社会主义精神文明、物质文明的建设。这一语义主要与"建设"的事件形式角色有关,事件属性较为凸显,且常涵盖附着词"好",表事件结果。

例2 抓生产

a.由于郊区干部群众冒严寒,<u>抓生产</u>,在寒流期间保证了供菜。

b.如果只<u>抓生产</u>,不抓财务,那么,增产了也不一定增收,生产上去了财政收入任务也不一定能完成。

c.是陈二兴老实巴交的,只想着抓生产,对政治不大关心。

"生产"同样为事件属性较强的名词,除名词义项外还常用作动词,表示使用各类工具来创造各生产生活资料。"抓"与"生产"搭配时表示全力关注生产,一心扑在生产这一事件之上,如例2a中郊区干部群众专注于蔬菜的生产,保证寒流期间食物供应;例2b中关于注重生产的同时也不应放弃对财务的重视的论断;或是例2c中陈二兴一心扑在生产上,不关心政治,可谓是充分利用其"事件"形式角色衍生出新的语义。

例3 抓管理

a.宣化啤酒厂在更新改造,引进先进技术和先进设备的过程中,注重抓好设备管理,健全管理网络,推行现代管理技术……

b.与此同时,还帮助企业狠抓内部管理,进一步深化企业改革。

c.在全国工交工作会议上,本市无缝钢管厂抓好基础管理、实行厂内"买卖制度"和大家的日子大家过的经验,引起了各地代表的注意。

d.张继承常说:"我就是条令,我们抓管理的如果自身不自觉遵守规定,就不能正人。"

"管理"意指负责某项工作使得其顺利进行,常用作动词,事件义较强,属于强事件类名词。"抓"与作为名词的"管理"搭配使用时表示"全力负责、管控",如例3a中对设备的管理,例3b中对企业内部的管理,例3c中对工厂制度、生活的基础管理,例3d中"我们"对管理工作的全权负责与管控,其中"管理"的事件形式角色较为凸显。同样,在"抓管理"这一结构中多嵌入"好"这一附着语,突出对事件结果的描写。

例4 抓考勤

a.当一个公司开始不停地抓考勤、抓制度的时候,你是时候准备后路了。

b.你们觉得抓考勤严的公司好还是不好?

c.公司遇到困难,为什么领导们只会严抓考勤与纪律?

d.总裁亲自抓考勤:是资本的剥削还是"人性的考验"?

"考勤"为强事件类名词,指考察学习、工作等的出勤情况,近年来使用频率与热度持续走高。"抓考勤"表示"全力负责与关注出勤情况",其中"抓"语义相对较弱,而"考勤"形式角色中的事件义则得到凸显,如例4a、4b中严格关注考勤情况的公司,例4c、4d中亲自负责、严格管控出勤的公司领导。通过利用"考勤"的形式角色,"抓"与"考勤"这一事件得到联动,并浮现出"紧密关注"这一语义。

分析可见,当"抓"所接宾语名词带有"事件"属性时,尤其是"强事件"类名词,该短语结构一般存在语义衍生,转指关注该类事件,为该类事件投入精力或资源,凸显该类名词的事件形式角色。

3.4　小结

本章节首先分别对西语动词"apretar"、汉语动词"抓"的词源及词义演变历程进行了回溯,并对其基础词义进行了考察,归纳其宾语类型。其中,"apretar"与"抓"均为二元谓词,为 L3 事件动词;"apretar"主要与自然类、人造类宾语搭配使用,"抓"则与自然类、人造类、合成类、强事件类名词均存在搭配情况,且各类型可继续下分,较"apretar"搭配能力强。其搭配的前三类名词数量则未有显著差异。但可确定的是,基于自然类名词的有限属性,该类名词与"apretar""抓"搭配使用时均有其限度。

进一步对"apretar""抓"所在"V+N"结构的分析则表明,"apretar"在与人造类、合成类名词所组成的述宾结构中语义衍生广泛,主要由宾语的形式角色及功用角色激发生成,与合成类、强事件类名词搭配并浮现新语义现象则相对较少,如若浮现则大多受施成角色及功用角色影响;"抓"则与带有事件义项,尤其是强事件类名词搭配时语义浮现较多,多利用该类名词的形式角色及功用角色激活生成。

总而言之,"apretar""抓"所在述宾结构均存在语义衍生现象,且宾语名词的物性结构在其衍生路径中角色显著,符合"动名搭配所产生的语义浮现是各词项互动的结果"这一假设。

4 主谓结构中的语义组合

4.1 引言

西班牙与中国虽然距离万里,相隔两洋,语言体系也不同,但语言规则仍有许多相通之处,语义浮现规则就是一种较为常见的使用情况。本章通过探讨主谓结构中的语义浮现规则,也就是在主语位置的名词与谓语的组合及语义生成以及检索相关的语料库,对西班牙语、汉语中心[心理类名词+动词]的组合进行较为详细的考察。

在西班牙语中,心理谓语(predicados psicológicos)也叫情感谓语(predicados de emoción)或感觉谓语(predicados de sentimiento),由于其独特的句法和语义特点,引起了许多语言学家的兴趣。简言之,这类谓词的一个共同特征是存在一个情感体验者(experimentador)和一个对象/原因(meta/causa)。通过下面的例子阐述情感体验者和对象/原因的概念。

例　a. el amor de Juan hacia María.(胡安对玛丽的爱。)
　　　b. el susto de Juan por María.(胡安对玛丽的恐惧。)

在例 a 中,胡安扮演体验者的角色(感受到爱的人),而玛丽是对象(胡安的爱所指向的人);而在例 b 中,"恐惧"与"爱"属于不同类型的心理名词[1],虽然心理名词的释义有所改变,但胡安仍然是情感体验者,而玛丽则是题元角色,也可以称为"原因"角色(引起胡安惊恐的人)。

通过上面的例子,以抛"砖"引"玉"的形式深入研究西班牙语和汉语中心理名词(以下简称 NP)加动词的组合,试图解释为什么西班牙语中的 el

---

[1] 在本研究中我们采用 Sanromán(2003)提出的心理学名词的划分。Sanromán 将心理学名词区分为内因引起的心理名词(如赞赏、羡慕)和外因引起的名词(如愤怒、恼怒)。这两类名词的概念在 Anscombre(1995)中已提出,她将法语中的心理名词区分为"内源性"名词和"外源性"名词。

amor duele("爱令人痛心")或汉语中的"爱令人痛彻心扉"组合被接受,这也是本研究的主要内容。形成鲜明对比的是,西班牙语中不使用 * el odio duele("恨令人心痛"),汉语中也不说"* 恨令人痛彻心扉",尽管在常识看来"恨"自带[-agradable]("[不愉快]")的属性。

此类特殊的情况还存在于抽象名词与动词的组合,比如西语中的 fluir("流动")或汉语中的"流淌",往往指代具体行为,其常规的主语(真正论元)应该是实质名词,例如河流流经城市。但在具体使用中,"流动/fluir"这类描述性动词还可以与抽象的名词结合且能被解读,如 el amor fluye en su interior("爱在内心流动")或"让爱在心中流动"。

参考生成词库的理论可以认为,原则上不相容的词项的语义特征,在协同组合机制下,词项有能力重新分类并使之相容,使组合语义得以浮现。基于生成词库理论,我们提出[NP+V]组合的合法性、可解读性来自于心理名词和动词之间的词汇表征信息有相互匹配的可能。此外,"情感体验者"的表征及其"对象/原因"的表征对[NP+V]结构有句法上的影响,这在西语和汉语中屡见不鲜。尽管西班牙语和汉语属于不同的语言体系,其社会、历史、文化相差甚远,在西班牙语和汉语中可以找到许多关于[NP+V]结构类似的表达。换句话说,在两国的语言使用中,[NP+V]结构的语义浮现都是心理名词和动词的亚词层信息相互协调、匹配的结果。

4.2　心理名词的表征

4.2.1　论元结构

与其他类型的名词不同,心理名词被看作是同时具有论元结构和事件结构的谓语。通过权威文献以进行理论解释未免过于晦涩,为了方便理解,请看下列例子:

例1　a. El amor de Juan hacia sus padres(胡安对他父母的爱)

b. Juan siente amor hacia sus padres(胡安对他的父母感到爱)

c. El amor de Juan hacia sus padres fluye en su corazón(胡安对他父母的爱流淌在他的心中)

这3个例句展示了心理名词和动词组合的3种可能,其构式可描写成:

例 2　a. [NP+de+experimentador+hacia/ante+meta/causa]
　　　b. [experimentador+V+NP+hacia/ante+meta/causa]
　　　c. [NP+de+experimentador+hacia/ante+meta/causa+V]

不难发现，NP 有两个真正论元，分别是：experimentador（"情感体验者"）和 meta/causa（"对象/原因"）。显而易见，在两个真正论元中，情感体验者的[+容器]义素在解释心理名词和动词的语义组合中起到重要作用。而对于"情感体验者是容器"这一概念，学术界早已进行深入研究。

De Miguel（2015）从亚词层的角度研究了[NP+V]组合，认为存在一个潜层词汇义素[+contenedor]（[+容器]），它是所有心理名词（无论是外源性心理名词还是内源性心理名词）情感体验者共有的，并在句法中得以体现。同年，De Miguel（2015）也指出，[±容器]这个义素是隐藏在词项内部的微型义素，要检验词项是否具有这一义素，可以将其放在 estar lleno（"某物满了"）的组合中，如果相互匹配，证明该词项具有[+容器]特征。如：

例 3　a. La maleta[+contenedor]está llena.（"行李箱装满了"）
　　　b. El cajón[+contenedor]está lleno.（"抽屉装满了"）
　　　c. * El mar[-contenedor]está lleno .（* 海装满了）
　　　d. El mar[-contenedor]está lleno de algas.（海里堆满海草）

上述例子简明扼要地概括了不同情况下的使用差异。当名词具备[+容器]这一义素时，它们可以作为带 estar lleno 的主语，表示它们的容量已经饱和（例 3a、3b）；如果名词不包含这一义素，如例 3c 所示，则不允许与 estar lleno 组合，除非通过介词短语告知其他信息。我们可以将例 3c 与例 3d 进行对比，此时例 3d 表达是"大海堆满了藻类"，主要用以形容海草量多，而并非指大海的容量已经饱和。对于此种使用方法，De Miguel（2015）揭示了其中的规律，心理名词的体验者，如"行李箱"和"抽屉"一样，可以成为带有 estar lleno 的主语：

例 4　Juan está lleno {abatimiento/amor/angustia/preocupación/pavor}.

　　[胡安内心充满了（羞辱/爱/痛苦/忧虑/恐惧）]

多数情况下，perder（"丢"）这个动词通常选择一个指物理实体的名词作为宾语，如 perder paraguas（"弄丢了雨伞"），但在 perder miedo（"不再害怕"）的组合中，语义仍然得以浮现：因为情感体验者是一个[+容器]，恐惧的内容被包含在其中，在这种情况下，perder（"失去"）意味着名词所表示的心理状态不再存在于容器中,也就是情感体验者心中,即:不再害怕。从这个角度分析,perder 在 perder miedo("不再害怕")的词义与在 perder paraguas("弄丢雨伞")的词义完全相同,均可理解为:不再拥有。按照同样的思路,coger enfado("发怒")或 sembrar alegría("传播快乐")这样看似不可能的组合,通过语义协调的机制可以得到解释。

通过上述例子和解释,列举了心理名词表象具体的使用情况,充分论证了 De Miguel(2013)提出的心理名词中情感体验者即是[＋容器]这个假设有效。下文将基于这个假设对西班牙语、汉语[NP＋V]语义生成机制进行研究,进一步扩大生成词库理论的研究领域。

4.2.2 事件结构

心理名词既指称情感状态,也包含状态体名词的部分特点。虽然同属一个类目,但细看心理名词发现它们所代表的状态仍有显著差异,例如,miedo("恐惧")和 susto("惊恐")这两个名词代表非常相似的感觉,但进一步体会,两者的状态时差略有不同,"恐惧"的感觉是具有时间持续性的([＋durativo]),而"惊恐"的感觉是瞬间发现的([＋puntual])。为了更好地体现心理名词的词义差距,我们将心理名词放在不同的句式结构中验证是否心理名词在事件结构上有差异。

心理名词可以简单分类为内源性心理名词与外源性心理名词。通常认为内源性心理名词呈现的情感状态是恒定的、不可重复的,其特征与表属性的谓词相似;而外源性心理名词的特征和表偶然、暂时事件的谓语相似。由于心理动词和心理名词具有共性,通过由表及里的方式,从心理名词衍生的心理动词中进行验证。常见的心理名词,如:amar("爱")、odiar("恨")、respetar("尊重"),它们的体貌特征是:有时间持续性,没有终结性,且不受时空的限制[1]。相较而言,外源性心理名词衍生出的心理动词,如:enfadar("生气")和 asombrar("惊吓"),它们的体貌特征更像使役动词,指触发情绪产生的瞬间。

上述的论证可以将情感状态分为两个维度,由此分为两个大组:表属性状态(或恒定的状态)和表偶发的状态(或阶段性的状态)。这两组状态的区

---

[1] 何嫣. 西班牙语非典型带"se"动词中"se"的功能探讨[J]. 广东外语外贸大学学报,2016,27(2):93－98.

别在于是否可以与特定的时空建立联系。表属性状态的谓词是独立于时空情境来定义或描述个体的,但表偶发状态的谓词则是描述个体在特定时空情境中所处的状态。Bosque(1999)提出用"tener lugar"("发生")检验名词是否与时空建立联系,在 * La bondad de Juan tuvo lugar el jueves en Madrid("* 胡安的善良是在星期四、在马德里发生")这句话中可以明显看出,名词 bondad("善良")不与时空建立联系,属于表属性的名词。

接下来,我们按照同样的思路分析心理名词,发现只有外源性的心理名词允许和表时空的修饰语搭配,如:

例5　a. De repente, me entró una angustia tremenda.
　　　　 (突然间,我陷入了巨大的痛苦之中。)
　　　b. En un momento de cólera, gritó desde el barandal.
　　　　 (在愤怒的时刻,他在栏杆上大喊发泄。)

例6　a. * De repente, me entró un amor tremendo.
　　　　 (* 突然间,大爱降临在我身上。)
　　　b. * En un momento de aversión gritó.
　　　　 (* 在厌恶的时刻,他大喊发泄。)

读完上述例句,是否有熟悉之感?因为外源性心理名词的体貌与描述阶段性状态的名词相似,这种情感是由外部原因产生的,如果产生该种情绪的外因不存在了,这种情绪也有可能随之消失,那么就有建立时空界限的可能性。

4.2.3　物性结构

物性结构层面是心理名词中一个不可忽视的特点,我们认为,施成角色(QA)描写名词指称的情绪源自如下方面:来自内部或外部原因;形式角色(QF)描写关于名词指称的物体类型,心理名词均属于抽象物体;功用角色上(QT)描写情绪产生的目的或作用;构成角色(QC)描写名词指称的情绪的构成因素。

在描写心理名词构成角色时,我们引入了 Sanromán(2003)提出的 11 个语义维度描述情绪,分别是:[±强度]([±INTENSIDAD])、[±极性]([±POLARIDAD])、[±可表现性]([±MANIFESTABILIDAD])、[±有指向性]([±DIRECCIONALIDAD])、[±思考性]([±CARÁCTER MENTAL])、[±反应性]([±REACTIVIDAD])、[±态度性]([±ACTI-

TUDINALIDAD])、[±活跃性]([±ACTIVIDAD])、[±兴奋性]([±EXCITACIÓN])、[±不可控制性](±PÉRDIDA DE AUTOCONTROL)、[±维持性]([±PERMANENCIA])❶。在本书提出的心理名词物性结构描写格式中,最新颖的部分就是对构成要素11个维度的描述,接下来将做简要介绍。

(1)[±强度]。强度用于描写情绪的分级,通常可分为强烈、适度或中性。一般来说,强烈的情绪不允许使用减轻的修饰语,例如,在汉语中我们不说"稍稍恐惧"或"稍稍爱"。相反,适度的情绪允许使用加强的修饰语,例如:极度同情。而中性情绪可以自由地与减轻或加强的修饰语结合,例如,有点怕有/极怕。

(2)[±极性]。与强度相似,根据极性维度,一种情绪可以分为三个层次:愉快、不愉快和中性。愉快的情感表达了"情感体验者感觉良好"的想法,如:爱。相比之下,不愉快的情绪使体验者感到痛苦,如害怕。在两个相反的极端之间,可以建立一个中性的价值,例如,惊讶和害羞。有些情感,如爱和害怕,凭借百科知识其极性很容易确定。然而,像"惊"这样的词的极性不能由人的本能确定,但可以通过语句中的使用来揭示:在"他的成就很惊人"这样的句子中,它被理解为一种愉快的情绪;在"他的罪行很惊人"的句子中则是一种不快的情绪。所以在极性中,第三类的中性情绪独立于愉快和不愉快的情绪之外,并可能因环境的不同而发生变化。

(3)[±可表现性]。可表现性指那些易于被人们感知的情绪,这些情绪往往流露于可视的行为中。Sanromán(2013)解释,"可表现性指的是那些一定会被察觉、通过外在行为表现的情绪"。如果我们能判断出某人非常兴奋,那是因为他的神情和动作让我们感受到他兴奋的心态。然而,要知道一个人是否处于失望状态并不容易,因为消极情绪的主体多数善于隐藏,不一定把失望之情表现出来。

(4)[±有指向性]。有指向性的情感需要存在所指向的对象,这在语法上反映出心理名词的动词形式要求直接宾语的出现。一方面,表示情感的动词不具有明确指向性的,句法上不要求情感的对象的出现。例如,在Sin-

---

❶ Sanromán(2003)认为"动词加情感名词"组合能否搭配是由心理名词的语义决定,因此从11个维度审视该类名词的定义,并建立了名词定义和所选动词的关联。作为抽象名词,心理名词的构成角色无法从物理意义上描写,基于构成角色回答的是"由什么组成"的问题,我们认为可以通过11个维度对心理名词的构成角色进行抽象意义的描写。

ica 语料库中,可以看到心理动词"爱"的不及物使用比例为1%;另一方面,动词"生气"的不及物使用比例为94%❶。由此可以认为"爱"是一种定向的情感。

(5)[±思维属性]。思维属性是指情绪与思维、思考有关。目前还没有科学证明所有动物都有认知能力。不过,有趣的是,不具备思维属性的情绪往往也会出现在人类以及一些能够进行简单思考的哺乳类动物身上。

(6)[±反应性]。反应性这一属性指的是该情绪的产生是对外部事件的直接反应。作为对外部原因的反应而产生的外源性情绪,总是反应性的;而作为体验者内部产生的内源性情绪,在[+反应性]的维度上没有明显的标记值。

(7)[±态度性]。具有态度性的情绪是指由体验者对另一对象的态度所引起的情绪的区别属性。态度可以分为两类,赞同的态度和不赞同的态度。例如,"爱"的情绪具有"态度"特性,因为如果我们说一个人"爱"某人或某物,可以推断出这个人表达了对这个人或物一种赞同的态度。

(8)[±活跃性]。具有活跃性的情绪语义成分可以解析为:"这样的情绪会使体验者倾向于做某事"。一般具有[+活跃]维度的情绪通常具有[+可表现性]。比如,"热情"所表示的情绪会使一个人倾向于热情地做某事([+活跃]),从而使他或她的热情显露出来([+可表现])。再比如,"爱一个人"的感觉不一定会导致体验者做一些事情来表达它([-活跃]),所以这种感觉可能被观察到,也可能被隐藏([-可表现])。

(9)[±兴奋性]。兴奋性的情绪描述了"头脑中的兴奋状态"。根据Sanromán(2003)的观察,兴奋性这个属性与可表现性这个属性有很强的相关性,因为大多数涉及兴奋的情绪往往会明显地表现出来。

(10)[±不可控制性]。这个属性指的是该情绪是否能导致体验者失去自我控制的能力。当体验者感受的情绪太强烈以至于失去控制时,这可能会在他们的身体行为上表现出来。如"气得发抖""怕得发抖""激动得跳起来",这些表达证实了这一维度属性。相反,"爱"与"发抖""跳起来"等动词不相容,说明"爱"所表示的情绪不会导致体验者失去自我控制。

---

❶ 计算动词"爱"的及物/不及物使用比例的方法如下:在 Sinica 语料库中共记录了1937次"爱"的使用,我们从中选取了250个"爱"的动词使用例子,其中有24个例子是不及物的用法,占总数的1%。通过同样的办法,我们计算出"生气"作为不及物动词的使用比例。

(11)[±维持性]。持续性指的是心理名词所表示的情绪是永久的还是暂时的心理状态。Sanromán(2003)认为,内部引起的情绪并没有建立一个时空划界,而外部引起的情绪则处于一个时空的情况。内源性的情绪是不被中断的,而外源性的情绪是暂时的。在汉语中,外源性的心理情绪可以与表示时空界限的修饰语结合起来,而这些修饰语与表示内源性的情绪是不相容。如,"气了半小时"/"他在学校把老师气坏了";"＊爱了一年"/"＊他在学校爱老师"。

通过上面的分析,心理类名词的物性结构描写框架见表4-1。

表 4-1 心理类名词的物性结构描写框架

QF:	抽象名词
QC:	[±强度]、[±极性]、[±可表现性]、[±有指向性]、[±思维性]、[±反应性]、[±态度性]、[±活跃性]、[±兴奋性]、[±不可控制性]、[±维持性]
QA:	内因/外因
QT:	实现某一特定目的

4.3 西-汉[NP+V]语义生成机制对比

根据Sanromán(2003)对心理名词的分类,本节选取了西班牙语、汉语中常见的七个心理名词作为研究对象,分别为:内源性心理名词amor(爱)和odio(恨)(下文用NP_{CI}表示);外源性心理名词desesperación(绝望)和inquietud(不安)(下文用NP_{CE}表示);内源外源兼具心理名词alegría(愉悦)、miedo(恐惧)和celo(嫉妒)(下文用$NP_{CE/CI}$表示)。

在下文中,将对七个心理名词的定义进行分析,从生成词库角度分析这七个名词在两种语言中的[NP+V]结构,证明这些结构的合理性,并试图找出这些结构共同存在于两种语言的原因。对于语义的浮现,本研究假设[NP+V]结构隐喻意义的浮现与[NP+V]结构字面义的浮现遵循一样的规则,不必借助于语言以外的因素来解释类似于el odio mata("仇恨杀人")或 la inquietud invade la ciudad("不安动乱入侵城市")这样的句子,这些隐喻义的浮现可以通过词汇亚词层信息相互协调的机制完成。从词项表征的不同层次中提取一些亚词层信息,挖掘组合语义得以浮现的原因。

4.3.1 ［NPCI＋V］的语义组合和浮现

4.3.1.1 ［amor＋V］/［爱＋V］（表 4-2）

表 4-2 ［amor＋V］/［爱＋V］的语义组合和浮现

西班牙语	汉语
El amor nace y crece en el alma	爱在心中滋长
El amor muere? Y me dijo:"Todo se muere."	真爱永不消逝
El amor fluye en tu interior	让爱在心中流淌
El amor duele pero vale la pena	爱让人痛苦
El amor de madre en algunas ocasiones nos ciega	爱让人盲目
Que el amor triunfe sobre el odio	让爱战胜仇恨
El amor reina entre los miembros de una familia	爱统治了他的王国

"爱"可以诞生、消逝和重生。"爱"可以被唤醒，可以伤害人，可以战胜其他情感。这些表达普遍存在于两国的语言表达中，使得"爱"的词汇特征具体化。

翻阅字典，其中对于"爱"的定义可以分析出这个词项指称的情感是[＋强烈的]。该情绪的出现是自发的，其目的是与另一个人或物相遇、连结。此外，"爱"指称的情绪是对特定某一事物或人的愉悦感觉，因此，具有[＋指向]、[＋愉快]、[＋持久]等语义特征。"爱"的物性结构可以描述为（表 4-3）：

表 4-3 "爱"的物性结构

QF：	抽象名词
QC：	[＋强度]、[＋愉悦]、[＋有指向性]、[＋思维性]、[＋态度性]、[＋可控制]、[＋维持性]
QA：	内因
QT：	与另一个人或物相遇、连结

4 主谓结构中的语义组合

"爱"具有明显的增长与消亡过程,因此"爱"可以与表示阶段性的动词搭配,如:el amor nace("心生爱意")、el amor muere("爱会消逝")。作为恒久的状态体事件,"爱"指称的事件具有事件持续性([+durativo]),可以和同样具有事件持续性的动词滋长("crecer")搭配。但为什么 amor("爱")可以与 fluir("流动")、doler("疼痛")、triunfar("战胜")和 cegar("盲目")这些动词搭配呢?实际上,这些搭配揭示了心理名词的其他特征。

"情绪"类名词具有[efecto somático]("身体反应")特征,从某种程度而言,情绪和身心息息相关。这一特征使得"爱"可能进入与"身体反应"的动词组合的结构中,如 doler("疼痛")和 cegar("盲目")。值得注意的是,在[心理名词+身体反应类动词]的表达中,这些动词往往失去其字面意义,而只保留了定义中最潜层、最基本的部分。如,动词 cegar("使失明")在字典的第一条释义为:quitar la vista a alguien("夺走某人的视力")。显而易见,在 el amor ciega("爱让人盲目")的例句中,情感体验者并非真的失去视力,变成盲人,这里的动词是指情感体验者无法清晰地分辨事实,导致他不能做出正确的决定。cegar 能生成"无法做出理智决定"这一解读,或许能够从 ojo("眼睛")的物性结构中找到合理解释。"眼睛"作为"身体的一部分"(QC),其功能角色(QT)层面的信息非常显著:"用于观察、看清景象",做出理智判断的前提是看清眼前的一切。因此,"看清楚"能引申出"做出理智判断"的语义,而"看不清"则能引申出"无法分辨事实"的意思。同理,在 El amor duele("爱令人痛苦")的组合中,这里的"痛"并非身体上的疼痛,而是心理上的疼痛。

为了使论证更为充分,我们分析 reinar("统治")和 triunfar("战胜")两个动词。这两个动词属于"权力"的语义场,乍一看与表示情绪的名词没有任何关联。如果我们分析两个动词和名词的潜层信息,那么名词能够和两个动词组合且语义得以浮现便能得到解释。根据 DLE 对于动词 reinar 的释义:"Intr. Dicho de una cosa: Prevalecer o persistir continuándose o extendiéndose. Reinar una costumbre, una enfermedad, un viento."("指某事或某物通过不断发展而占据优势,得以持续")。从动词 reinar 的定义中,我们提取其最基本的含义,即 prevalecer y persistir("有持续的优势"),因此和这个动词组合的论元必须具有[+durativo]("[+时间持续性]")、[+poderoso]("[+有强度]")语义特征。从"爱"的物性结构看出,"爱"具有[+durativo]("[+时间持续性]")、[+intenso]("[+强烈]")特征,自然可以与 reinar 组合。同理,"爱"的[+intenso]("[+强烈]")特征使得它成为一种具有强度和力量的感觉,自然也能和需要论元具有[＋实力]和[＋力量]语义特征的动词 triunfar("获得胜利")搭配。

最后分析的是 amor("爱")与动词 fluir("流动")的组合。前文已经谈论过,心理名词的其中一个论元"情感体验者"具有[＋容器]要素,基于这种发现,我们提出这样一个观点:情感体验者是[＋容器]。在 El amor fluye en tu interior("爱在心中流淌")一句中,"爱"与"流动"组合时激活了类型调节的语义生成机制,使得"身体一部分"的"内心"继承了上位词"人"的语义,即"内心"指代"情感体验者",也就是说"内心"即[＋容器]。当"内心"被标记为[＋容器]后,情感自然能在里面流动。

4.3.1.2 [odio＋V]/[仇恨＋V](表 4-4)

表 4-4 [odio＋V]/[仇恨＋V]的语义组合和浮现

西班牙语	汉语
El odio nace de la ira	因怒生恨
El odio crece entre los pueblos	仇恨在慢慢生长
Pero qué triste es también cuando el odio nos ciega	仇恨蒙蔽了双眼
El odio invadió la ciudad	这是一座被仇恨占据的城市
El odio mata a Juan	仇恨毁了你

根据字典中对于"恨"的定义可以分析出这个词项指称的情感具有[－愉快]、[＋强烈的]、[＋指向性]、[＋持久]等语义特征。"恨"这个词就像"爱"一样,是一种有阶段性的状态,与之结合的动词也证明了这一点:"恨"可以"诞生"(el odio nace)、"保持"(el odio permanece)和"加深"(el odio crece)。同时[＋强烈的]语义使"恨"指称的情绪同样可以令人失去分辨能力(cegar),具有侵略(invadir)和破坏(destruir)的力量。

虽然使用方法不同,但是我们可以轻松理解 un rey puede invadir una ciudad(国王入侵一座城市),也可以体会 el odio puede invadir la mente(仇恨占据了内心),因为作为[＋容器]的情感体验者,其内心和脑袋都可以视作容器的一部分,自然可以与动词"入侵""占据"相结合,使得语义浮现。通过下述两个例子可以更直观地进行分析:

例1　a. El rey invadió la ciudad.（王入侵了这座城市。）

　　　b. El odio invadió la ciudad.（仇恨入侵了这座城市。）

ciudad（"城市"）这个词被定义为：espacio geográfico con muchos habitantes（地理空间、有许多居民）。例1b原则上是一个不可能的语义组合，因为情感体验者必须具有［＋生命］特征，而"城市"作为一个地点名词，不符合论元的要求。但分析了"城市"的物性结构，我们发现构成角色（QC）的信息提供了语义组合的可能："城市"里居住着"居民""人"，通过转喻，"城市"指"人"，也就是说，odio（仇恨）不是入侵城市的地理空间，而是入侵其居民，或者更具体地说，入侵其居民的思想。根据生成词库理论，在这个组合中激活了类型强迫机制，名词odio（仇恨）利用ciudad（城市）的构成角色信息，将论元选择的语义施加在ciudad上，迫使其语义发现变化：城市从指定一个地方变成了指定一群人，从而使语义得以生成。

接下来分析el dio mata（"仇恨能杀人"）的组合。请对比下面两句话：

例2　a. El criminal mató a dos personas.（罪犯杀了两个人。）

　　　b. El odio mató a Juan.（仇恨毁了胡安。）

根据字典对动词matar的定义，它的第一个释义为quitar la vida（"夺取生命"），在这个基础上，我们将动词"matar"的基础语义描写为：hacer dejar de tener características vitales（使不再拥有生命特征。）。在El odio mató a Juan.（仇恨毁了胡安。）一句中，名词odio和动词matar激活了共组机制，也就说，在这个组合中，真正起谓语作用的心理名词"恨"，"杀"只提供了部分的语义，使语义浮现。"恨"的［－不愉快］作用于动词"杀"的"使不再拥有生命特征"语义上，利用了"杀"语义中的［＋消极］语义，使得el odio mata a Juan理解为"仇恨令得胡安失去活力、消极倦怠，就好像'杀掉'了他一样"。

4.3.2　［NPCE＋V］的语义组合和浮现

4.3.2.1　［inquietud＋V］/［不安＋V］（表4-5）

表4-5　［inquietud＋V］/［不安＋V］的语义组合和浮现

西班牙语	汉语
La inquietud nace día a día	不安就是这样产生的

续表

西班牙语	汉语
La inquietud crece en mi corazón	不安和惶恐一天天在滋长
Sentía que la inquietud me invadía	不安向我袭来
La inquietud cunde entre los moderados	不安的感觉在人群中蔓延
Una inquietud insoportable me dominó por completo	我被焦虑不安控制

像前文分析过的心理动词一样，inquietud（"不安"）指称的情绪可以 nacer（"产生"）、comenzar（"开始"）、crecer（"成长"），但与 amor（"爱"）不同的是，inquietud（"不安"）一词不与 morir（"消逝"）搭配，而是与 desaparecer（"消失"）搭配，我们认为这是因为"不安"是属于外源性心理名词，当产生这种情绪的外因再次出现，"不安"的情绪有可能再次出现，因此它不能和 morir（"消逝"）搭配。inquietud（"不安"）指称一种［－agradable］（"［－愉快的］"）、［＋intenso］（"［＋强烈的］"）、［＋mental］（"［＋思维性］"）、［＋permanente］（"［＋维持性］"）（从"不安的情绪持续很久"可以看出"不安"指称的情绪具有［＋维持性］）的情绪。

对于上一节已经分析的动词我们不再详细分析，接下来我们主要关注 inquietud 和 cundir 的组合。inquietud 指称的情绪"焦躁不安"是情感体验者经过思考后而产生的情绪（具有［＋mental］语义维度的信息），作为思想的表达，它自然可以在空间蔓延，扩散至更宽广的范围中。在 La inquietud cunde entre los moderados（"不安在人群中蔓延"）一句中，我们认为依旧是"情感体验者即容器"的语义特征使这句话的语义得以浮现，此时的"人群"作为容器，有了物理边界，自然可以装载"不安"这种情绪。Cundir（"传播、蔓延"）一词验证了 inquietud（"焦虑不安"）的外源性，正因为这种情绪是从外至内，才可以不断地进入一个个情感体验者中，得以"在人群中蔓延"。

4.3.2.2 ［desesperación＋V］/［绝望＋V］（表 4-6）

表 4-6 ［desesperación＋V］/［绝望＋V］的语义组合和浮现

西班牙语	汉语
La desesperación invadió el campo de juego	绝望再次袭来

续表

西班牙语	汉语
La desesperación cunde en el equipo	绝望（的情绪）在团队中扩散
Cuando la desesperación empuja hay cosas que no se miden	绝望将他推向深渊
La desesperación reinó en aquel lugar	绝望淹没了他
La desesperación aumentaba cada vez más.	绝望（的情绪）在加剧

从 desesperación（"绝望"）一词的定义中得出的它是一种［－agradable］（"［－愉快］"）的感觉，其施成角色（QA）可以描写为：由危险、怨恨或愤怒三种感觉造成。此外，该词项指称的情绪还具有以下语义维度：［＋intenso］（"［＋强烈的］"）、［＋manifestable］（"［＋可表现的］"）、［＋mental］（"［＋思维性］"）和具有时间持续性。

部分前文提到的动词不再进行分析，如 surgir（"出现"）、persistir（"一直持续"）和 desparecer（"消失"）。对于一些重复出现动词，如 cundir（"传播、蔓延"）和 invadir（"入侵"），可以进行深入挖掘。desesperación（"绝望"）能和 cundir、invadir 搭配并被理解，侧面佐证了 desesperación（"绝望"）是一个外源性心理名词，其情绪是从外部进入体验者内部的。而 desesperación（"绝望"）能和 reinar（"统治"）、empujar（"推动"）组合，反映了该情绪具有［＋intenso］（"［＋强烈的］"）的语义特征。

4.3.3 ［NPCI/CE＋V］的语义组合和浮现

4.3.3.1 ［alegría＋V］/［喜悦＋V］（表 4-7）

表 4-7 ［alegría＋V］/［喜悦＋V］的语义组合和浮现

西班牙语	汉语
La alegría no duró mucho	他的喜悦并没有持续很久
La alegría inundó el pueblo	欢乐充斥着整个村庄
La alegría llenó el pueblo	喜悦填满我的内心
Que la alegría brille en los ojos	眼中闪烁着喜悦

Sanromán（2003）将心理名词分成三类，其中，alegría（"喜悦"）归属于

"内源性/外源性兼具"的心理名词。然而,在我们搜索到的语料当中,alegría("喜悦")在绝大多数时候出现在外源性心理名词常出现的结构中。在 La alegría llenó el pueblo 一句中,作为地点名词"村庄",其构成角色是"村民",因此,通过"整体是部分"的转喻机制,"村庄"指"人"。在这个前提下,llenar el pueblo 激活了类型调节的语义生成机制,将"人"的语义变成"[＋容器]",因此,"欢乐充斥着整个村庄"的语义得以浮现:"欢乐的情绪"从外进入至"村庄",即所有村民都非常高兴。在汉语的例子"喜悦填满我的内心"中,其语义生成的机制一致:"内心"通过"部分是整体"的转喻机制,指代"人";在此前提下,通过类型调节机制使得"情感体验者"理解为"容器",因此,"喜悦填满我的内心"理解为"我非常喜悦"。

Que la alegría brille en los ojos("眼中闪烁着喜悦")语义得以浮现有两方面原因:一方面,alegría("喜悦")具有[＋agradable]("[＋愉快的]")的语义特征(如不含"[＋愉快]"特征的名词 tristeza"悲伤"则不能与动词 brillar"发光"组合);另一方面,由于情感体验者是"容器",当情绪过于饱满,可以表现出外露的迹象,而这是由喜悦 alegría("喜悦")具有[＋manifestable]("[＋可以表现的]")决定的,由此可以被明显感知。

4.3.3.2 [miedo＋V]/[恐惧＋V](表 4-8)

表 4-8　[miedo＋V]/[恐惧＋V]的语义组合和浮现

西班牙语	汉语
La angustia y el miedo me dominaron	焦虑恐惧掌控了我
El miedo le impedía viajar en avión	恐惧阻止我们前进
El miedo a la muerte persistirá	对死亡的恐惧一直都存在
El miedo cunde más rápidamente que la información	恐惧像传染病一样蔓延

根据字典对 miedo("恐惧")的定义,我们将其施成角色(QA)描写为:{sentimiento causado por riesgo o daño real o imaginario, algo contrario a lo deseado}("{因真实或想象的风险或伤害造成的情绪}")。此外,miedo("恐惧")指称的情绪是负极的([－agradable])具有时间持续性,强度可以变化([±intenso])。当情绪是[＋强烈]时,miedo("恐惧")可以与动词 dominar("掌控")、impedir("阻止")组合。

虽然 miedo("恐惧")被认为是内源性/外源性兼具的心理名词,根据我们搜集到的语料,大部分情况下它呈现出外源性心理名词的语义特征。最明显的例子是汉语和西班牙语中均能找到 miedo("恐惧")和动词 cundir("蔓延")搭配,且用"恐惧"和"信息""传染病"做类比,这类词汇的共同语义特征便是"从外界进入",能够直接或间接地体现心理名词的外源性特征。

4.3.3.3 [celo+V]/[嫉妒+V](表 4-9)

表 4-9 [celo+V]/[嫉妒+V]的语义组合和浮现

西班牙语	汉语
Los celos surgen por inseguridad y baja autoestima	嫉妒源于不安全感和低自尊
Los celos ciegan la razón	嫉妒蒙蔽了理性
Demasiados celos matan al amor	太多的嫉妒会扼杀爱情
No dejes que los celos te dominen	不要让嫉妒心占据上风
Los celos afloraron en mi mente	嫉妒之情浮上心头

celo("嫉妒")指称的情绪是负面的("[-agradable]"),是思考密切相关的([+mental]),强度([intensidad])是中性的。尽管 Sanromán(2003)将其归为内源性/外源性兼具的心理名词,但从 los celos afloran en mi mente("嫉妒之情浮上心头")例子中可以看出,Celo("嫉妒")指称的情绪是在人的内部产生的,所以,在语义上"嫉妒"更接近于内源性心理名词。

4.4 小结

经过前文分析,我们发现心理名词隐藏的信息非常多样化,可从不同的层面进行描写。正是这些丰富的语义特征使得心理名词和动词组合呈现出多样性。我们从心理名词的亚词层出发,研究它们与动词亚词层信息之间的语义互动,解释了西-汉当中这类结构的语义是如何得以浮现的。

例如,通过心理名词 amor("爱")/odio("恨")的亚词层信息,我们解答了以下疑问:为什么作为"爱"的反义词"恨",具有[-愉快]语义特征,直觉上一切让人不愉快的感觉会带给人疼痛的感觉,却不能像"爱"一样和动词"疼痛"搭配(如汉语和西语中都有"爱令人心痛"/el amor duele)。这种语义组合上的差异在字典中无法找到答案。但正如我们一直提出的假设一样,词项本身含有更丰富的语义特征,影响到词项之间的组合。在"爱"和"恨"的例子中,我们认为是情感体验者这一论元的[±依赖性]([±independiente])和[±脆弱性]([±vulnerable])语义特征是造成组合差异的原因。从"爱"的物性结构中我们看到该情绪的功用角色是"与另外一个人连结",因此情感体验者"依赖"被爱的对象,具有[+依赖性]的语义特征;相反,"恨"的情绪不具有[+依赖性]的语义特征。当"爱"将"情感体验者"向"对象"靠近,"恨"会把它们远离。情感体验者依赖于所爱的人,这令情感体验者具有[+脆弱性]语义特征,因此容易"受伤"。然而,"恨"的情感体验者不依赖于所恨之人,不具有[-脆弱性]语义特征,很少与"受伤"组合。有趣的是,我们发现往往"恨"的情绪会对情绪所指的"对象"造成伤害,例如,在汉语和西班牙语当中我们都找到同样的表达:"你的恨让我心痛"/me duele tu odio。

在分析的 7 个心理名词中,5 个名词可与动词 nacer("诞生")搭配:两个内源性心理名词 amor("爱")和 odio("恨"),如:el amor/odio nace("心生爱意""/"因怒生恨");1 个外源性心理名词 inquietud("不安"),如:las inquietudes te nacen día a día("不安就是这样产生的");2 个内源性/外源性心理名词 alegría("愉悦")和 celo("嫉妒"),如:la verdadera alegría nace("我的快乐诞生了");los celos nacen de la desconfianza("妒忌源于不自信")。3 个名词可与动词 brotar("萌芽")搭配:2 个内源性心理动词 amor("爱")和 odio("恨"),如:ese amor no brota nunca("我的爱永不萌发");1 个内源性/外源性心理名词 alegría("愉悦"),如:la alegría brota de nuevo en mi alma("快乐萌发")。此外,有 3 个名词可与动词 surgir("出现")搭配:2 个内源性心理动词 amor("爱"),1 个外源性心理名词 inquietud("不安")和 1 个内源性/外源性心理名词 celo("嫉妒"),如:el amor surge poco a poco("爱在两人之间慢慢出现")。2 个名词可和动词 venir("来")搭配:1 个内源性心理名词 dio("恨")和 1 个内源性/外源性心理名词 alegría("愉悦"),如:las alegrías nunca vienen solas("快乐突然就来了")。动词 nacer、brotar、surgir 和 venir 所表达的都是一个事件的开始,从上述研究看出,所有的内源性心理名词都可以和 nacer 搭配,表示情绪的诞生、产生,但是外源性心理名词几乎不和动词 nacer 搭配。根据字典,nacer 的释义为:Dicho de un ser vivo:salir del vientre materno("生物从母体出生"),其施成角色(QA)的信息可描写为:靠内在动力。这一层信息恰好和内源性心理名词的施成角色相互匹配,因此只有内源性动词能进入和 nacer 的语义组合中。

4 主谓结构中的语义组合

De Miguel(2013)通过分析西班牙语中[V+NP]的组合验证在西班牙语中所有心理名词的情感体验者都具有[+容器]的语义特征。本研究从西班牙语和汉语中的[NP+V]组合出发，验证了"情感体验者即[+容器]"的假设同样有效。在分析中，我们找到了许多与容器概念有关的动词，如：inundar alegría("欢乐充斥着整个村庄")表达的是"情感体验者"从外被填满，直到达到其容量的最大值。又如：brillar alegría("眼中闪烁着喜悦")表达的是"情感体验者"喜悦之情非常充沛，以至于情绪从眼睛冒出、溢出。在搜集的例子中，动词invadir("侵入")几乎可以和所有心理名词搭配，如：invadir {odio/inquietud/desesperación/alegría/ miedo/celos}("入侵{仇恨/不安/绝望/喜悦/恐惧/嫉妒}")，这些组合表示"情感"从外侵入"情感体验者"（外源性心理名词），又或者是突然从内而生的"情感"充满了"情感体验者"自身（内源性心理名词）。

为了解释[NP+V]的语义组合，我们还借助了词项的亚词层信息进行分析，像empujar("推")这样的动词选择的心理名词必须具有[+强烈]、[+思维]的语义特征，如名词"恐惧"和"绝望"。和matar("扼杀")搭配时，心理名词必须具有[-愉快]和[+强烈]的语义特征，如名词"恨"。

本章的研究证明了在[NP+V]的组合中，无论是西班牙语还是汉语，语义的组合和浮现均能从亚词层中找到合理的解释：词汇语义的组合就像某种数学运算，当所有语义特征相互协调一致后，就能得出运算的结果，即语义的浮现。

5　形容词结构中的语义组合

本章探讨西班牙语、汉语中[形容词+名词]结构的语义组合和浮现,主要关注两类形容词:"评价类形容词"和"速度类形容词"。由于篇幅限制,本章仅选择了两类形容词中最具代表性的形容:"bueno/好","rápido/快",以期通过详尽的分析提供一个具有说服力、可靠的研究模式,并能够将此研究结果应用在其他评价类形容词、速度类形容词,或者其他类型形容词的语义研究中。

5.1　引言

形容词结构中的语义解读受到许多语言学家的关注。如提出 old friend 中的歧义解读反映了英语形容词之间的一种基本二分法。Siegel 指出,形容词在语法和语义上可以分成截然不同的两类。第一类作为基础谓词出现,第二类是作为基础名词修饰语出现的定语。此外,虽然有一部分形容词只属于基础谓词类,而另外一部分形容词只属于定语类,但有许多形容词同时兼具两类的特质。Larson(1998)将 Siegel(1976)的二分法发展为三分法:

(1)谓语形容词(predicative adjective)。这类形容词实质上是谓语,语义上是描写实体的性质状态。谓语形容词与名词组合时语义的运算是合取的(conjunction),会产生交集性的解读。Siegel(1976)以 x is aged friend 为例进行了解释:"x 是年迈的,并且是朋友",这就是交集性解读。

(2)定语形容词(attributive adjective)。这类形容词是修饰语,唤起的是名词的内涵(intention),会产生非交集性的解读。Siegel(1976)以 x is former friend 为例进行解释说明,这句话的意思是"朋友关系是以前存在的",former 只修饰名词 friend,与 x 无交集,这就是非交集性解读。

(3)双料形容词(doublets)。这类形容词既可以做谓语形容词,也可以做定语形容词,与名词组合时会有歧义。Siegel(1976)则以 old friend 为例进行说明,其中的 old 可以是谓语形容词,理解为"年老的朋友";old 也可以是定语形容词,理解为"朋友关系已经维持很长时间"。

因此,在"Olga is a beautiful dancer."这句话中,可以产生两种解读:第一种,Olga 是个舞者并且很漂亮,属于交集性解读;第二种,Olga 跳舞跳得很漂亮,本身样子不一定是漂亮的,属于非交集性解读。

针对上述的歧义句,Larson(1988)从名词角度出发进行了分析,他认为名词和动词一样,存在事件论元,并且据此提出名词分析法。Larson(1988)认为,beautiful singer 只能理解为"漂亮的歌手",不能像 beautiful dancer 一样产生交集性解读,这则是因为 singer 和 dancer 隐含的事件不一样。Larson(1988)还指出,dancer 含有两个论元,一个是指人的个体论元 x,另外一个则是事件论元 e(即 dancing),其中的个体论元是事件论元的主语。如果形容词 beautiful 选择个体论元作主语,就得到"x is a beautiful dancer"的解读;如果选择事件论元 dancing 作主语,就得到 dancing is beautiful 的解读。同样,singer 含有两个论元,一个是指人的个体论元 x,一个是事件论元 e(即 singing)。而由于形容词 beautiful 不能修饰事件论元 singing,因此在 beautiful singer 中只产生了一种解读,即"x is beautiful singer"。

此外,生成词库理论也认同名词含有事件论元这一观点,并通过名词物性结构的施成角色、功用角色引入名词的事件信息。生成词库理论(Pustejovsky,1995:127—131)用选择性约束来解释形名结构的语义组合:形容词语义组合实际是形容词有选择地约束名词物性结构中的某个角色信息。在 large carved wooden useful arrow 这个形名短语中,large(大)、carved(雕刻的)、wooden(木头的)、useful(有用的)说明了 arrow(箭)的大小、生产方式、材料和用途,与其形式角色、施成角色、构成角色和功用角色相关。从生产词库的角度解释,beautiful dancer 能产生两种解读,是因为 beautiful 选择了名词 dancer 的形式角色("人")和功用角色("跳舞")获得释义。前一个解读是纯粹类型选择的结果,后一个解读是类型强迫后的结果。笔者认为,从不同物性角色出发分析形名结构的语义组合,能统一、有效地解释这类结构的语义合规、不合规以及产生歧义的原因。

5.2　西-汉评价类形容词结构的语义浮现

Bueno/"好"属于评价性形容词,在[好(的)+名词]的组合中,名词选择人造类名词作为常规论元,因为好坏的评价标准取决于事物是否满足人们的需要,指向事物的用途,只有某个事物为人所用时,才有好坏之分。我们从搜集到的语料中发现,无论是西班牙语还是汉语,许多非人造类名词能进入[好的＋名词]的组合中,如 buena luz("光线好")、buen clima("好气候")、buen aire("好空气")等。笔者认为,在上述的非常规组合中,是名词的亚词层信息提供了名词进入形容词结构的可能性,是激活了类型强迫机制后的结果。接下来我们根据生成词库理论中的语义类型体系,将[好(的)＋名词]结构中的名词分成三类:功能类、自然类以及合成类,以下一一进行分析。

在进行语料分析之前,有必要对 Bueno/"好"词的最基础词义进行描写。考虑到这个词在西语、汉语字典的定义,我们将这个形容词的基础语义描写如下:

bueno/好的 adj. De valor positivo acorde con las cualidades atribuidas por su naturaleza o destino.(事物展示的性能符合或超出对其预期。)

这个最基础的语义在不同的语境中,根据名词的语义特征不断丰富其语义,衍生出"好用、好看、好使"等多种解读。

5.2.1 [bueno＋nombre de tipo funcional]/[好(的)＋功能类名词]

生成词库理论区分了场景定义型名词和角色定义型名词。前者在施成角色上有明确的信息,如用"乘客"指称某些个体,是因为他参与了"乘车"的场景活动。后者在功用角色上有明确的信息,如"教师"是专门传道授业的人。根据生词词库的语义类型体系,这类指人的词项属于人造类名词。由于"好"是对物体的性能进行评价,因此,无论是西班牙语或汉语,我们发现"好"会选择角色定义型名词作为常规论元,具体见表 5-1。

表 5-1 "好"的常规论元

bueno	alumno、profesor、chófer、carpintero、pianista、presidente、ministro…
好	学生、教师、司机、木匠、钢琴家、主席、部长……

这些名词与形容词"好"组合时,激活了纯粹选择机制,形容词的评价义直接选择了名词在功用角色上的语义,使组合的语义浮现。以"教师""学生"为例,其功用角色比较明确,分别是"教课"和"学习"。当然,社会对老师

还有更高的期待,比如科研要做好、要关心学生等。再例如"司机""木匠""钢琴家"这些职业,涉及一些手工技能,评价指标非常明确,也比较客观,功用角色也就非常明确。形容词"好"与其组合时,"好"直接和功用角色的语义组合,例如:"好司机"开车开得好、"好木匠"手工活做得好、"钢琴家"演奏技术高超。我们发现,并非所有的职业名词与"好"搭配时,都能衍生出明确的语义。如:"好主席""好部长"。"主席""部长"的职能涉及的范围比较广,很难用一个动词来陈述,但在这个语义组合中"好"依旧是与"主席""部长"的功用角色组合。

另外,生成词库理论在描写物体的功用角色时,区分了直接功用角色、目的性功用角色。如直接功用角色是"人们直接对它发生作用",如"面包"是供人吃的,后一种是"人们通过它间接对其他事物发生作用",再如"眼镜"是供人使用以有清晰的视野。我们发现,当"好"与人造类名词组合时,如果名词是具有目的性功用角色的物体,多半是质量好,具体见表5-2。

表5-2 "好"与人造类名词组合

bueno	cuchillo、pluma、gafas、medicina
好(的)	刀、钢笔、眼镜、药

如在 Cómo elegir un buen cuchillo de cocina?("怎么能选到一把好菜刀?")一句中,buen cuchillo 表示"好用的刀""锋利的刀",与质量有关。同样,在 buena medicina es el corazón alegre("愉悦的心情就是良药")一句中,buena medicina 表示"好用的药""有效的药",与质量有关。

当"好"与具有直接功用角色的名词搭配,"好"的语义比较模糊,具体见表5-3。

表5-3 "好"与具有直接功用角色的名词搭配

bueno	silla、mesa、sopa
好(的)	椅子、桌子、菜肴

如在 Cómo elegir una buena silla?("如何选到一把好椅子?"),评价一把椅子好不好,涉及的因素也很多,除了要坐着舒服,可能要综合用料、做工等进行评价,如果单纯是坐着好,就会说 una silla cómoda("舒服的椅子");如果单纯是看着漂亮,就会说 una silla bonita("好看的椅子")。正因为这

类[好(的)＋名词]语义是比较模糊的,如果要明确地仅仅使用一个谓词来解释"好"在哪里,这个谓词通常要在句子层面出现。因此,在汉语中,往往会加上一个明确的动词(好 V 的),如"好坐的椅子""好吃的菜""好玩的游戏"等。而在西班牙语中,往往会根据"好"在哪里,选择更加明确的形容词代替,如:bonita silla、plato sabroso、video juego divertido 等。

5.2.2 [bueno＋nombre de tipo natural]/[好(的)＋自然类名词]

生成词库理论的语义类型体系将指人的名词分为自然类和人造类。下面我们来讨论指人的自然类名词:"母亲"。作为"身份"名词,"母亲"的意义比较模糊。作为自然类名词,原则上"母亲"和具有评价语义的"好"无法兼容,但是无论是西班牙语还是汉语,buena madre("好母亲")的组合非常普遍,如:

例 1　a. Estos consejos para ser buena madre te ayudarán a gozar de la maternidad.

　　　b. El corazón de las buenas madres multiplica la felicidad y la salud mental de sus hijos.

　　　c. La principal virtud de una buena madre debe ser la paciencia.

例 2　a. 一个好的母亲一定对健康非常重视。

　　　b. 好的母亲影响孩子的一生。

　　　c. 好的母亲应该是陪着孩子一起成长,一起玩耍,一起学习的。

从上述语料中我们可以发现,"母亲"的物性结构似乎多了一个功用角色,主要涉及其教育孩子的职能。"母亲"本身的物性结构中并没有显性的功用角色,因为我们没法直接回答"母亲的功能是什么",但是词的定义离不开百科知识。Lakoff(1987)从认知角度指出:mother(母亲)这个范畴含有丰富的社会文化知识,跨越生殖模式、遗传模式、养育模式、婚姻模式、谱系模式五个模式,在不同的模式中,含义不一样。我们认为,在"好母亲"的组合中,类型强迫机制被激活,利用"母亲"在养育模式中的信息,迫使"母亲"从自然类名词变成人造类名词,"好"字对母亲的养育职能进行评价。因此,一个"好母亲"包括要让孩子吃好、把孩子教育好等。

除了"母亲"一词外,我们在两门语言中都搜集到不少"好(的)"和自然类名词的组合,如:

例 3　a. Para la cultivación de la begonia es deseable usar la tierra buena con el nivel bajo pH.

　　b. En verano la fruta buena substituye prácticamente la falta de comida mejor .

　　c. El aire que se respiraba en aquella época era aceptablemente bueno.

　　d. En Austria el clima es aceptablemente bueno.

例4　a. 东北地区黑土带是世界仅有的三大黑土带之一,其有机质含量丰富、土质肥沃、植物根系发达、土壤团粒好,是我国结构性最好的土壤,素有"中国谷仓"之称。

　　b. 很多好的水果缺乏市场和品牌化思维,大多数产品都存在一流水果、三流包装的问题。

　　c. 让你可以放心呼吸的好空气。

　　d. 好的气候对农业发展有好处。

在上述例子中,fruta(水果)、clima(气候)、aire(空气)、tierra(土壤)均属于自然类名词。我们需要指出的是,自然类名词原则上在功用角色 QT 和施成角色 QA 上无显著的信息,然而这并不意味着它们不具有这类信息,只是对于这类词项的定义更多取决于其形式角色 QF 和构成角色 QC。正是这些潜藏在功用角色和施成角色上的信息允许其进入[好＋NP]的结构中,激活了类型强迫机制,使隐性的功用角色信息变成显性,允许"好"对其进行评价。以"土壤"为例,字典定义为"地球表面的一层疏松的物质,由各种颗粒状矿物质、有机物质、水分、空气、微生物等组成"(物性结构中的形容角色和构成角色信息),在"好的土壤"组合中,"好"迫使"土壤"呈现了"给予农作物养分"的功用角色信息(从构成角色获得),从而实现语义的浮现:"好的土壤"即"对农作物生长有积极帮助的土壤"。

5.2.3　[bueno＋nombre complejo]/[好(的)＋合成类名词]

合成类名词又称为"点对象",由两个或两个以上的语义类型组成,从两三个自然类和/或人造类继承角色,如"书"就是一个合成类:[phys・info],是 phys_obj(物质实体)与 information(信息)合成的。因为合成类有不同的义面,所以在进入[好(的)＋名词]的结构时,理论上会呈现多种可能的解释,但是由于"好"的基础语义的限制,我们发现"好"只会选择与其基础语义匹配的义面。如:

例1　a. Quiero recomendar un <u>buen libro</u> para sus vacaciones de Navidad.

　　　b. Frente a la competencia, se necesita, en primer lugar, una <u>buena escuela</u>.

　　　c. Un <u>buen disco</u> en general que no defraudará.

　　　d. Ha pronunciado un <u>buen discurso</u>, señor Primer Ministro.

例2　a. <u>好书</u>可以洗涤人的心灵。

　　　b. 孩子要考就考一个<u>好学校</u>。

　　　c. 一张<u>好唱片</u>，经得起十年的倾听。

　　　d. <u>好的演讲</u>没有具体标准。

为了更好地看出"好书"这个结构的语义组合及语义浮现，我们对"书"的物性结构进行描写，具体见表5-4。

表5-4　"书"的物性结构描写

FORMAL	物质实体	内容信息
CONST.	封面、书页、不同规则大小、重量等	情节、场景、章节等
TELIC.	买卖	供阅读
AGENT.	印刷出版	编撰

当"书"进入[好(的)＋名词]的结构中，"好"只选择了"书"的[内容信息]的义面，"好书"表示"可读性高"（功能角色的信息），也可以表示"内容写得很充实的书"（施成角色的信息）。同时，"好"不会选择"物质实体"的义面，"好书"也没有办法生成"卖得很好的书"。我们认为这和"好"的基础语义有关，要评价一个物体，这个物体或行为必须具有可评价的可能。买卖行为本身没有"好、坏"之分，自然没法和"好"进行语义的组合。当"好"与"书"组合表示"书很畅销"的含义，句法上必须呈现谓语"卖"，如："好卖的书"。

接下来我们继续分析"好学校"这一组合，"学校"的物性结构描写具体见表5-5。

表5-5　"学校"的物性结构描写

FORMAL	物质实体，建筑物	机构
CONST.	占地面积、楼层高度、砖瓦等	人员、规则制度等

5 形容词结构中的语义组合

续表

FORMAL	物质实体,建筑物	机构
TELIC.	供教学活动的开展	培养人才
AGENT.	建造	设立

当"学校"进入[好(的)+名词]的结构中,"好"指选择了"学校"的[机构]义面,"好学校"表示"可以培养高质量人才的地方"(功能角色的信息)。与"书"的物性结构不同,"学校"[机构]义面的施成角色"设立"不具备评价的价值,因为"好学校"只有一种解读。再看"学校"的[建筑物]义面,其功能角色和施成角色也不具备评价的价值,因为想要"好"与该义面组合,需要在句法上补充明确的动词,如:"好多功能的学校"([建筑物]义面的功能角色)、"建得很好的学校"([建筑物]义面的施成角色)。

在"好唱片"这一组合中"唱片"的物性结构描写具体见表5-6。

表5-6 "唱片"的物性结构描写

FORMAL	物质实体	内容信息
CONST.	圆形、钢丝、胶木或黑胶材质	歌曲
TELIC.	供刻录	供欣赏、听
AGENT.	生产	谱曲、填词、演唱等

当"唱片"进入[好(的)+名词]的结构中,"好"同样选择了"唱片"的[内容]义面,"好唱片"表示"好听的唱片"(功能角色的信息),同时也可以表示"词写得很好的唱片"(施成角色的信息)。同样,人们评价一张唱片,往往不会关注唱片刻录行为的好坏。刻录后的音质可以评价,但实际上刻录后的结果已经属于[内容]义面。

最后,我们来分析合成类名词"演讲"。"演讲"的物性结构描写具体见表5-7。

表5-7 "演讲"的物性结构描写

FORMAL	事件	内容信息
CONST.	过程事件	开头、结构、结尾等
TELIC.	实现演讲者的目的	供听
AGENT.	讲出来	编撰等

在西班牙语中,根据 Bosque(1999:51)的解释,事件名词"不指称物理对象,而是指称事件,可以充当动词短语 tener lugar(发生)的主语,如 la reunión tuvo lugar el mes pasado(会议在上个月举行了)。在汉语中,根据韩蕾(2010)的定义,事件名词是语义上兼具事物性与动作性的一批特殊名词,如"大会、战争、演说"等。因此,我们认为西班牙语和汉语对于"事件名词"的定义是相似的。当"演讲"进入[好(的)+名词]的结构中,与其他合成类名词的组合不同,"好演讲"能选择不同的义面,生成不同的解读,如:"好演讲"即"说服了大众的演讲"([事件]义面的功能角色),即"慷慨激昂的演讲"([事件]义面的施成角色),即"内容抓住听众注意力的演讲"([内容]义面的功能角色),或"[内容丰富的演讲"([内容]义面的施成角色)。

5.3 西-汉速度类形容词结构的语义浮现

张国宪(2006)根据修饰主体的性质,将形容词分为饰物形容词和饰行形容词。饰物形容词主要是表示空间、度量、颜色、年级、属性等;饰行形容词主要表示时间、速度、方式、程度、频率等。饰行形容词修饰行为动作,如:"很快的发展""很快的比赛"等。汉语中,绝大部分的饰行形容词充当补语或状语,"速度快""做事慢""吃饭少"。西班牙语中,饰行形容词的自由度更高,和名词的搭配几乎不受限制。本节关注的是汉-西当中都存在的[速度类形容词+名]的形名结构,如:vuelo rápido(很快的飞机)或 computadora rápida(很快的计算机)、consumo rápido(快销)、juego rápido(快速的比赛)等。我们将从生成词库理论分析为什么饰行形容词"快",原则上选择事件类名词作为常规论元,可以和"飞机""计算机"这些指物名词组合并实现语义的浮现。

根据字典的释义,我们将 rápido/"快的"的基础词义描写如下:
rápido/快的 adj. Que se mueve a gran velocidad(移动的速度高)。

和上一节的思路一致,我们先对语料中的[快(的)+名词]结构中的名词进行分类:自然类、功能类和合成类,然后一一分析"快"的基础语义和这三类名词的哪一个物性角色进行组合,实现语义浮现。

5.3.1 ［rápido＋nombre de tipo funcional］/［快（的）＋功能类名词］

在前文我们已经阐述了生成词库理论框架中的形名结构分析是从名词的物性角色出发的，因此我们认为，和 beautiful dancer 的语义生产机制一致，［rápido＋nombre eventivo］/［快（的）＋功能类名词］之所以能获得释义，就是因为功能类名词的施成角色和功用角色为其提供了可能性。如：

例 1 a. Las conexiones de transporte a Londres son excelentes, con trayectos de menos de una hora en tren rápido.

b. El ascensor más rápido de Europa se monta en Hermesturm (Hannover).

c. Por ello, se recomienda adquirir la computadora más rápida de acuerdo a sus posibilidades.

例 2 a. 如今我们到日内瓦非常方便，从巴黎搭乘世界最快的火车，仅需 3 个半小时，从法国里昂搭快车需两个半小时，而日内瓦火车站内即设有一处海关。

b. 全球速度最快的电梯：每秒上升 20.5 米，上升 100 层都不用半分钟。

c. 2020 年中国最快的计算机是神威太湖之光。

"火车"和"电梯"作为人造类事物，它们的功用角色非常相似，都是在物理空间将物体从一个空间移送至另一空间，这一层信息和 rápido/"快"的基础语义非常匹配。因此，当"快"和"火车""电梯"进入形名结构中，类型强迫机制中的类型利用机制迅速被激活，"快"利用了"火车""电梯"功用角色中的事件信息，迫使其成为事件论元并获得以下释义："火车移动的速度很快"以及"电梯移动的速度很高"。

在 computadora más rápida /"最快的计算机"这一形名组合中，单纯从计算机的物性结构看，"计算机"的功能角色并不具备"物理移动"的事件信息。认知语言学认为，隐喻是人类基本的认知模式，大脑会借助一个具体、相对清晰的概念来理解那些相当抽象、缺乏内部结构的概念。在隐喻的工作机制下，大脑将"计算机"的信息交换功能理解为"传输"，把物理空间的移动概念投射到计算机资料传输的概念上，因此"计算机"的功用角色上具备了"移动事件"的语义，自然可以被形容词"快"利用，实现语义组合和浮现。

上文我们分析了某一部分指人的名词,如职业类名词,是属于功能类名词的范畴。在两门语言的语料中,部分与速度相关的职业能出现在[快(的)＋名词]的结构。如:

例 3　a. En el 2003 fue el corredor joven más rápido en las disciplinas de 800 y 1500 metros.

　　b. Ya que yo era un rápido, pero inexacto, mecanógrafo.

　　c. un conductor rápido.

例 4　a. 他是我们中间最快的赛跑运动员。

　　b. 张三是最快的打字员。

　　c. 一个很快的驾驶员。

首先看 el corredor joven más rápido/"最快的赛跑运动员"这一组合。从搜集到的语料中我们发现,无论是西班牙语还是汉语,"赛跑运动员"和"快"组合时必须要加上副词"最",成为一个绝对最高级的形名短语。从字典释义中我们无法解释为什么这一副词必须出现在句法上。但是从"赛跑运动员"的物性结构分析,我们似乎找到了解释:作为竞技类职业,"赛跑运动员"的功用角色可以描写为"赢得比赛",而赢得比赛的必要条件就是"快"。因此,"快"是"赛跑运动员"的逻辑语义的一部分,也就是说,"快"是"运动员"的影子论元,原则上不能自由地出现在句法上,除非该影子论元指明子类型(subtyping)或言语述明(discourse specification)。"最快"属于是"快"的言语述明(discourse specification),因此"最快的赛跑运动员"获得了释义。同样,在"快"和"打字员"的组合中,"快"必须言语述明后才能进入形名组合中,因为"打字员"的功用角色本身就隐含了"快"的语义。

那么,为什么"驾驶员"不需要进一步明确子类型或言语述明呢? 从生成词库角度同样能得到合理的解释:"驾驶员"虽然是驾驶交通工具的职业,和速度有关,但是"驾驶员"的功用角色并没有把"快"的语义纳入其中,因为作为一个驾驶员,"安全将乘客送至目的地"才是其关键的职能。因此,"快"可以自由地利用"驾驶员"功用角色中的事件信息,理解为"开车开得很快的驾驶员"。

5.3.2　[rápido＋nombre de tipo natural]/[快(的)＋自然类名词]

作为自然类名词,其功用角色和施成角色的信息不显著,因为很少能进入[快(的)＋名词]的形名组合中。尽管如此,我们还是找到了两个比较常见的组合,如下：

例1 a. El hombre más rápido de España se ha planteado el objetivo de estar en una final en el Campeonato de Europa de Atletismo Barcelona 2010.

b. Sus manos son rápidas, su sonido nítido sobresale en la distancia.

例2 a. 地球上最快的人,博尔特衣锦还乡。

b. 快手

因为"人"没有明确的施成角色或功用角色,很难提供一个具体的动词。通过上下文得出,句子中"最快的人"指博尔特,是世界著名的短跑冠军,因为"跑"是"运动员"的功用角色,容易激活。同样,在西班牙语中,通过上下文也能看出 el hombre más rápido 是在田径比赛的运动员,因此同样激活了"运动员"的功用角色。和上一节分析一致,"快"和"人(运动员)"组合时必须要经过子类型或言语述明的运算,才能使形名组合获得语义浮现。

接下来我们分析 manos rápidas/"快手"的组合。作为身体器官,"手"经常出现在与生活息息相关的行为中(抓、握、捧、取等),因此在定义"手"时,尽管字典只选择了其形式角色和构成角色的信息,但其功用角色是比较显著的,也自然容易在句法中凸显。"快"与"手"组合时,激活了类型强迫机制,利用了"手"在功用角色上隐含的事件信息(即做事情),使得"快手"获得"做事速度快"的语义。在此基础上,经过转喻机制,身体部分也可以指代整体,"快手"也从"一双手"引申至"做事很灵巧的人"。

5.3.3 ［rápido＋nombre de tipo compuesto］/［快(的)＋合成类名词］

在西班牙语和汉语中,"快"可以和合成类名词"餐"搭配,如 comida rápida/快餐。comida/"餐食"的物性结构具体见表5-8。

表5-8 comida/"餐食"的物性结构

FORMAL	物质实体	转态体事件
CONST.	食材、配料、营养等	子事件呈有序交叠顺序

续表

TELIC.	供食用	为身体提供能量
AGENT.	烹调	组织、安排

通过"餐食"的物性结构,我们看出"快"选择了"餐"的物质实体义面,利用了该义面中的施成角色,实现了语义的浮现:能迅速烹调提供给顾客。"快"没有选择与"餐"的事件义面组合,是因为该义面的功用角色和施成角色一般都不用"快"作为评价标准,从而便没有进入/[快(的)+名词]的结构中。

同理,两门语言中都存在的组合:respuesta rápida/"快的答复",形容词依旧只选择了其中一个义面。Respuesta/"答复"的物性结构具体见表 5-9。

表 5-9 Respuesta/"答复"的物性结构

FORMAL	内容	转态体事件
CONST.	文字信息	子事件呈有序交叠顺序
TELIC.	回答、解决疑问	社交活动
AGENT.	思考	口头或文字方式表达

从上表可以看出,只有内容义面中的功用角色("回答疑问")可以用"快、慢"进行评价,因此在 respuesta rápida/"快的答复"的组合中,"快"迅速利用了这一角色的信息获得释义,理解为:"回答很迅速"。

综上,虽然名词具有多种语义的解读,但是在词项组合时形容词的基本语义会自动地选择与自身语义匹配的名词义面,自动排除那些不符合自身要求的义面,语义组合是动态生成的。

5.3.4 "快"和 rápido 的讨论

通过西-汉语料的对比分析发现,西班牙语中的 rápido 与名词的搭配更自由,可以直接修饰事物名词。而汉语中"快"能直接修饰的名词有限,其形式往往已经凝固成词,如:"快车""快餐""快手"。另外,汉语中"快"修饰事物名词时需要加上"的"或用"快速",这是由于汉语的韵律决定的。部分"快"和rápido的比较具体见表5-10。

表5-10 部分"快"和rápido的比较

Coche rápido	快车/快的小汽车/开得很快的汽车
Comida rápida	快餐/*快的午餐/很快可以吃完的午餐
Método rápido	*快的方法/很快解决问题的方法
Envío rápido	快递/*快的货物/送得很快的货物
Aprendizaje rápido	*快的学习/很快学会知识的学习
Búsqueda rápida	快搜/快速的搜索/*很快的搜索
Lector rápido	快的读者/*快读者

刘丹青(2010)指出,汉语中的形容词和英语中的形容词性质不完全对等,前者更接近动词(可以直接做谓语),后者更接近名词(需加系动词做谓语)。本次对比研究证明了刘丹青的观点可以在西班牙语中得到解释。西班牙语形容词的性质和英语形容词的性质相似,如在下列两句话中:这份指南读起来很快/Esta es una rápida guía de uso,同样的修饰内容,在西班牙语中依附于名词,而在汉语中依附于动词。

5.4 小结

本研究介绍了"形+名"结构的特点,以Siegel(1976)提出的英语形容词之间的一种基本二分法为基础,引出Larson(1998)的三分法:谓语形容词、定语形容词、双料形容词,并以此为主展开研究。采用西-汉评价类形容词结构的语义浮现和西-汉速度类形容词结构的语义浮现的相关资料与例子进行研究,对bueno/好、rápido/快进行形名语法语料分析,该结构的语义指向比较复杂,有时指向谓语动词,有时同时指向谓语动词和名词性成分,从语体方面来说,大多出现在书面语中,有时也可以在口语中使用。另外,这一结构的句型或者句式可以做适当的调整,但是基本语义不变。最后通过西-汉语料的对比分析发现,对"快"和rápido进行讨论研究。

  通过上述分析,我们能够更加清楚地认识"形+名"做状语这一语法现象。这里出于掌握资料的有限,在研究的过程中不可避免地带有一定的局限性。目前仍然存在着一些问题没有解决,有待我们做进一步的考察和研究。

6 隐喻义和转喻义的语义组合

6.1 引言

惯用语是一类具有特定形式的短语或句子,包括谚语以及一些固定搭配的短语。惯用语的语义往往是延伸义,不能局限于字面语义对其进行解读。本节将以西语惯用语为研究对象,借助生成词库理论,探究语义组合以及语义浮现机制。惯用语是社会文化背景下言语话语的一个重要方面,传递了民间智慧,生活经验、习俗,社会共存的规范,文化取向,世界观等。它反映了不同民族的生活方式、思维方式和性格。惯用语具有整体性、口语化、生活化等特点,其语义常常为转义或引申义,并非等于字词的简单叠加,如"众目睽睽"一词,以及西班牙语中的类似表达 delante de los ojos de alguien,字面义为"在眼睛前面",引申义为"当着面,在……的面前"。传统对于惯用语的语义延伸分析多从文化、历史以及社会等角度出发,通过对比来了解不同语言对于同一事物理解差异的根源。

随着近年来认知语言学的兴起,作为人类认知世界的起点,人体词汇越来越受到广泛关注,人体词汇的语义也成为研究热点。认知语言学从人类认知方式出发分析身体词汇的引申义,揭示了不同文化背景下身体词汇的引申义是有一定相似之处的,并指出转喻和隐喻这两种认知方式是人类认识世界的重要手段,也是语义延伸和发展的重要推动力。

下文从生成词库理论出发,探究身体词汇内部的语义结构,试图证明惯用语中身体类词汇与其他词汇的组合及其语义浮现是词语语义互动后的结果,为研究身体类词汇的语义组合以及语义浮现机制提供新的视角。五官、四肢,以及头脑是人体感知外界,形成认知的重要器官。本书选取了人体器官中的 *ojo*"眼"、*oreja*"耳"、*mano*"手"、*cabeza*"头"为研究对象,对 CREA❶、CORPES❷ 西班牙皇家语言学院语料库，World Sketch Engine 搜索引擎❸，北京大学中国语言学研究中心 CCL 汉语语料库❹，国家语委现代汉语通用平衡语料库❺，北京语言大学 BCC 语料库❻的西语和汉语语料进行分析，试图发现这类惯用语的语义生成机制。

根据生成词库理论，名词 *ojo*"眼"的物性结构可描述为：人体器官（形式角色）；包括眼球壁、眼内腔和内容物、神经、血管等组织（构成角色）；可感知光线，提供视觉（功能角色）。

名词 *oreja*"耳"的物性结构可描述为：人体器官（形式角色）；分为外耳、中耳和内耳三部分，包括耳廓、外耳道、鼓膜、鼓室、前庭、半规管和耳蜗等（构成角色）；可接收声音，提供听觉（功能角色）。

名词 *mano*"手"的物性结构可描述为：人体上肢前端的一部分，是人体器官（形式角色）；每只手由五只手指及手掌组成，左右两只手相互对称，互为镜像（构成角色）；主要是用来抓取和握住东西，以及使用工具（功能角色）。

名词 *cabeza*"头"的物性结构可描述为：在解剖学上指动物的吻端部分，是人体器官（形式角色）；包括脑、眼、耳、鼻、口等器官（构成角色）；从其组成的器官（大脑、眼睛、耳朵、鼻子、口）中继承了思维、视觉、听觉、嗅觉以及味觉等功能（功能角色）。

由于"眼""耳""手""头"均是与生俱来的人体器官，非人造类物体，并不具有显性的施成角色，因此本章将不对这一物性角色作分析。接下来，将按照不同物性角色对所选语料延伸语义的生成机制进行分析，探究其名词宾语的语义角色是如何影响语段的语义生成。

---

❶ CREA 语料数据库搜索引：http://corpus.rae.es/creanet.html ［28－01－2022］
❷ RAE 语料数据库搜索引擎：https://www.rae.es/banco-de-datos/corpes-xxi ［29－01－2022］
❸ Sketch Engine 语料数据库搜索引擎：https://www.sketchengine.eu/ ［28－01－2022］
❹ CCL 语料数据库搜索引擎 http://ccl.pku.edu.cn:8080/ccl_corpus ［28－01－2022］
❺ 国家语委现代汉语通用平衡语料库：http://corpus.china-language.edu.cn/ ［28－01－2022］
❻ 北京语言大学 BCC 语料库：http://bcc.blcu.edu.cn/ ［28－01－2022］

6.2 西-汉隐喻义和转喻义的语义浮现
——名词功能角色的凸显

6.2.1 ojo/眼

例1　echar(el)ojo

a. El amo iba camino de la cuadra, a echar el ojo a los animales. (主人正在前往马厩的路上，以观察动物的情况。)

b. Lo vemos también sentado frentea la pantalla de un televisor, echándole ojo al "tape" de una pelea de boxeo. (我们还看到他坐在电视屏幕前，观看一场拳击比赛的"录像"。)

c. Cada día, los habitantes del municipio de La Sierra le echan ojo a sus calles para saber si se han hundido un poco más. (每天，拉塞拉市的居民都会盯着他们的街道，看看它们是否又沉下去了一点。)

在短语 *echar(el)ojo* 中，动词 *echar* 的语义被解释为：*Hacer que algo vaya a parar a alguna parte, dándole impulso*，即对一个物体施加力量，使其离开原来所在的位置，与汉语动词"扔"语义相近。但是 *echar(el)ojo* 却不能按照字面意思理解为"扔眼睛"，该短语通常有"将目光投向……"之义。这一语义的生成与名词 *ojo* 的物性结构有关，其功能角色为"感知光线，提供视觉"，当这一角色被突显时，*ojo* 一词的语义便可由最初的人体视觉器官引申为"目光，视线"。短语 *echar(el)ojo* 的意思也因此延伸出"将目光投向……，看向……"的语义。

例2　abrir bien los ojos

a. Después me he convencido de que la mejor manera de salvarse es abrir bien los ojos para ver las cosas claras. (后来我开始相信，得救的最好方法是睁大眼睛看清楚事情。)

b. Abra bien los ojos, Fermín! Quiero que lo observe todo en ese puñetero bufete. (睁开你的眼睛，费尔明！我想让你观察那家该死的律师事务所的一切。)

c. Entonces les recomiendo que abran bien los ojos, porque algo raro está pasando en su propia casa. (那么我建议你睁大眼睛,因为你自己的房子里正在发生一些奇怪的事情。)

d. Tan sólo hay que abrir bien los ojos, para no perder ningún detalle. (你只要睁大眼睛,就不会错过任何细节。)

这一例子中动词 *abrir* 意为打开,*abrir bien los ojos* 从字面上进行解读为"把眼睛睁大"这一动作,其引申义为"仔细看"。通过分析名词 *ojo* 的物性结构,可以得知其功能是看。宾语名词 *ojo* 与动词 *abrir* 形成语义互动,*abrir bien los ojos* 这一动作延伸出与名词 *ojo* 的功能有关的语义"仔细看"。

例3　tener buen ojo

a. Y la clave será tener buen ojo para elegir a los mejores. (而关键将是要有好的眼光。)

b. Yo no entiendo mucho de joyas, pero tengo buen ojo. (我对珠宝了解不多,但我眼光很好。)

c. Y que no se contente con sólo tener buen ojo en conocer un caballo. (并不满足于仅有认识马匹的好眼光。)

d. Ahora lo importante era tener buen ojo para escoger. (现在重要的是要有善于选择的好眼光。)

短语 *tener buen ojo* 的字面义为"有好的眼睛"。根据对名词 ojo 功能角色的分析,可知其功能是"提供视觉",在此基础上对其语义进行进一步的延伸,就是"看和观察的能力"。由此,短语 *tener buen ojo* 的语义引申为"具有良好的事物观察或分辨能力,眼光好",这一语义的形成是 *ojo* 一词的功能角色起作用的结果。

例4　no quitar el ojo

a. Sin quitar los ojos del periódico, Miguel le sugirió que usara el vestido de siempre. (米格尔目不转睛地看着报纸,建议她穿上她平常的衣服。)

b. Isabel en todo ese tiempo no había quitado los ojos del papel. (伊丽莎白自始至终都没有把目光从报纸上移开。)

c. ——No le has quitado el ojo a esa chica en todo el trayecto, Franz. (你的目光一直没有离开那个女孩,弗朗茨。)

d. ——Quién estuvo? ——respondí sin quitar los ojos de la página del diario. (谁在那里? ——我回答说,我的目光没有离开报纸的那一页。)

在例4中,动词 *quitar* 意为 *Tomar algo separándolo y apartándolo*

de otras cosas，o del lugar o sitio en que estaba，即"使某物离开其原来所在位置"，与汉语中的"拿开"一词意思相近。如果从字面的意思进行解读的话，短语的意思为"没有把眼睛拿开"，这并不符合日常沟通交流的情景。分析名词 *ojo* 的物性结构，其功能角色为"看和观察"，其语义也可以从"用于看和观察人体器官"延伸为"目光，视线"。从"眼睛"到"目光"的语义延伸是名词 *ojo* 的功能角色得到突显的结果。*No quitar ojo* 的语义也解读为"目光没有从……移开，一直在看，被吸引"。

例 5 clavar los ojos en…

a.《Parece que lo peor de España llegó primero》，decía，molesto y clavando los ojos en mamá.（"看来西班牙最糟糕的情况先来了。"他说，恼羞成怒地瞪着他母亲。）

b. Eché la cabeza hacia atrás，clavé mis ojos en el cielo raso color cereza.（我把头往后一甩，盯着樱桃色的天花板。）

c. Los compañeros y el cura habían ya clavado sus ojos en él.（同伴们和牧师已经把目光投向了他。）

d. Alarga el cuello y clava los ojos en la anciana.（他伸长了脖子，把目光投向老妇人。）

在短语 *clavar los ojos en…* 中，动词 *clavar* 意为 *Introducir un clavo u otra cosa aguda，a fuerza de golpes，en un cuerpo*，即"将钉子或尖锐的物体用力插入，嵌入"。短语 *clavar los ojos en…* 从字面上来理解，即"把眼睛钉在……"，而在实际的语言使用过程中，该短语通常被理解为"一直看，盯着"。名词 *ojo* 的功能角色为"看"，与例 4 的语义生成机制相似，在短语 *clavar los ojos en…* 中，*ojo* 的语义由"人体器官眼睛"延伸为"视线，目光"。因此动词 *clavar* 的宾语语义为"目光"，整个短语的语义也引申为"把目光定在……"，即"一直看"。

例 6 睁大眼睛

a 在乱石丛，在密林中睁大眼睛苦苦寻找。

b."高强，你睁大眼睛好好看看我，朝这儿看，"周华指着自己的眼睛，"这已经不是你认识的那个周华了。"

c. 叫作小翔的那个男孩子伸手攀过花枝，睁大眼睛把它仔仔细细瞧了个够。

d. 一定要睁大眼睛去识破骗子的真面目。

例 6 中的"睁大眼睛"可以从字面上进行解读，即"张开眼睛"这一动作,而除此之外,也都有引申义,即"仔细看"。通过分析"眼睛"的物性结构,可以得知,"眼睛"的功能角色为感知光线,提供视觉。在"睁大眼睛"这一语段中,"眼睛"物性结构中的功能角色被激发,因此,例6中"睁大眼睛"引申为"仔细看",这是"眼睛"一词的功能角色得以凸显而产生的结果。

例7 有眼光

a."是的,你真有眼光,这石头的花纹很特别,像向日葵,哦,还像一只缩着头的乌龟呢。"

b.成功、火爆的歌星是有眼光的唱片公司按照人们的感情消费需求生产、制造出来的,就像生产一般消费品一样,讲究包装、时尚、流行色……

c.一些运输公司很有眼光,早早地盯上了沿海发达地区,派出大批人员到宁波、浦东及沿海等地,建立货源网点。

d.一些有眼光的商人正是瞅准了这个机会以仓储销售、平价销售这些新的手段向大商家们发起了挑战。

例7中的惯用语可解读为"具有很好的事物观察能力"。根据对"眼睛"的功能角色分析,可知其功能是"看,观察",再对其进行延伸,就是"看和观察的能力"。因此"有眼光"也就不能简单地解读为"有好的眼睛,有好的视力"了,而是通过凸显"眼睛"的功能角色,延伸出了"具有良好的事物观察或分辨能力",是"眼睛"一词的功能角色起作用的结果。

例8 抓住眼球

a.越南当地鞋商的普遍感觉是,中国生产的鞋款式翻新快,总能抓住各种顾客的眼球。

b.他主张书名火爆刺激,否则无法"在书的海洋里一下子抓住读者的眼球"。

c.翻开任何一页都有抓住读者眼球的"进入点"。

d.这部手机小说凭借敏感话题和全新文体已经抓住了大量受众的眼球。

在汉语中,"抓住眼球"表示"吸引注意力"的意思。"抓"意为"用手拿稳物体",而短语"抓住眼球"却不能简单地从字面义将其理解为"用手拿住眼球"。眼睛的功能是"看,观察,觉察"。当某样东西引起人的注意时,人的反应也往往是看向它。因此,宾语"眼睛"的功能角色被激活,并与动词"抓住"形成语义互动,从而使得"吸引注意力"这一含义得以浮现,而不是字面意义上的"抓住眼球"这一个动作。

6 隐喻义和转喻义的语义组合

例9 擦亮眼睛

a. 同时,农民自己也要擦亮眼睛,谨防这种"科技骗子"。

b. 消费者应当擦亮眼睛,切莫被这些华而不实的招牌迷惑。

c. 一定要擦亮自己的眼睛,切莫因为眼前的一点小利上了别人的当。

d. 我们一定要擦亮眼睛,提高警惕。

"擦亮"意为"对物体进行摩擦使其发光发亮"。在这一例子中,动词"擦亮"的宾语为"眼睛",但其语义却不能解读为"摩擦眼睛使其发光发亮"。根据"眼睛"一词的物性结构,可知其功能角色为"看,观察",因此,这句短语中"眼睛"的语义延伸为"观察和分辨的能力"。短语的含义也由此解读为"增强观察和分辨的能力,提高警惕"。"眼睛"是用来看的,"擦亮眼睛"意味着能够看得更清楚。因此,通过"眼睛"功能角色的显现,该短语解读为"看仔细,提高警惕"。

例10 不敢相信自己的眼睛

a. 第一天晚上看银河,我都不敢相信自己的眼睛,因为只有小的时候,在北京天文馆里,我才看到过那般繁星闪烁的天河。

b. 我们不敢相信自己的眼睛,甚至怀疑眼前的真实,因为这些球迷好像都是童话世界里的人物。

c. 她有些不敢相信自己的眼睛,甚至不相信这一切是真的,她怀疑这只是一个梦境。

d. 我真不敢相信自己的眼睛,广州变化太大了!从机场到宾馆,我就没有见到一个我原来认识的地方。

例10中动词"相信"意为"不怀疑,认为正确,真实",所接宾语为"眼睛",按字面义解读,为"怀疑眼睛,认为眼睛不正确,不真实",这一语义不符合逻辑。因此,该短语不能从字面上进行解读,其引申义为"不相信眼睛所看到的东西或情景"。由"眼睛"的功能角色可知其功能为"看",例中宾语"眼睛"引申出语义"眼睛所看到的东西或情景",这是名词"眼睛"的功能角色凸显后的结果。

例11 睁一只眼闭一只眼

a. 如果大家对社会丑恶现象熟视无睹,睁一只眼闭一只眼,那才是最可怕可悲的事情。

b. 对假冒现象睁一只眼闭一只眼,有的甚至怂恿支持。

c. 见此,一些不法分子悄悄找上门来,请求张勇睁一只眼闭一只眼,并递上不薄的"红包"。

d. 儿子、媳妇睁一只眼闭一只眼,只当没看见。

例 11 中"睁一只眼闭一只眼"字面义为"一只眼睁开,一只眼闭上",而在该短语的使用中,其引申义"对某事或某物假装没有看见,姑息纵容"也为常见语义。分析名词"眼睛"的物性结构可知,其功能角色为"看",睁开眼睛能看见,闭上眼睛后不能看见,因此,惯用语"睁一只眼闭一只眼"不仅意为"一只眼睛睁开一只眼睛闭上"这一状态,而是由其功能角色引申为假装看不见,熟视无睹。这一语义的生成同样可以从名词"眼睛"的物性结构出发进行分析,可知是其功能角色被激发后的结果。

例 12　耳目

a. 故就职权分配言,御史大夫是宰相的耳目或副手。

b. 唐代的台官,虽说是天子的耳目,而唐代的谏官,则是宰相的唇舌。

c. 张永一看,皱起眉头说:"这个人每天在皇上身边,耳目众多,要铲除他可难啊!"

d. 老龙敦连忙过来捂住他的嘴说:"别嚷嚷,他的耳目众多,不能黄鼠狼还未打,就惹了一身臊呀!"

"耳目"一词本义指人体器官"耳朵"和"眼睛",而在上述语料中,例如"是……的耳目",或"耳目众多",即"有众多耳目","耳目"一词却不能简单地理解为人体器官,而是应该理解为"替人刺探消息,侦察或了解情况的人"。通过分析"耳"和"目"两个名词的物性结构可以得知,其功能角色分别为"提供听觉",以及"提供视觉"。视觉和听觉两个功能是人类感知外界,获得信息的重要依托,因此"耳目"一词的语义便由人体器官引申为"刺探消息的人",这是人体器官名词"耳朵"的功能角色突显后的结果。

例 13　开眼

a. 那年轻人答非所问地说:"俺今天可开眼了,这位师傅武功不凡哩!"

b. 在最近一次兰州军区对红军师的考核中,最后一个汇报项目让人开眼:6 名师首长的三种车辆驾驶。

c. 今天是准备了几个月的"第七届世界蹼泳锦标赛"开战的第一天,东莞市民都来这里"开眼",看世界级"飞鱼"较量。

d. 我拉着俺孙子也去开开眼。

"开"作为动词时意为"打开",而"开眼"的语义并不只是"打开眼睛",通常意为"拓展眼界,增长见识",这一语义的生成与名词"眼睛"的功能角色有关。眼睛是人类的视觉器官,用于感知和观察外界事物。这一功能角色的突显使"开眼"产生了"拓宽眼界"这一语义。

例 14　映入眼帘

　　a. 走进博物馆的正厅,首先映入眼帘的是西面墙上整幅大型石刻壁雕。

　　b. 漫步在水泥铺路的大街小巷,映入眼帘的尽是城市风景。

　　c. 沿途碧树芳草、高桥新厦,相继映入眼帘。

　　d. 赶到村小学,映入眼帘的是一幢白瓷砖贴面的崭新的二层楼房。

　　成语"映入眼帘"的引申语义为"看见,看到"。"映入眼帘"并非真的是物体进入眼睛,而是进入了视线范围里。人体器官名词"眼睛"由于其功能角色被激活,其语义由本义"人体器官眼睛"引申为"视觉功能,看见,看到"等,在此基础上,进一步衍生出"视线,视野"等指涉一定范围的名词。因此"眼帘"一词引申为"视线,视野",并能够与动词"映入"进行语义组合,并衍生出"进入视线范围以内,看见,看到"等语义。

6.2.2　oreja,oído/耳

例 1　aguzar las orejas

　　a. Agucé mis orejitas pero no pesqué nada.(我竖起耳朵,但什么也没听到。)

　　b. Aguzo mi orejas, olfateo el peligro.(我竖起耳朵,感受到了危险。)

　　c. Escuché sin haber sido invitada, a hurtadillas como una ladrona detrás de una columna y aguzando la oreja.(我不请自来地听着,像一个小偷一样在柱子后面偷听,并竖起耳朵。)

　　d. Aguzó sus orejas y sus ojos se hundieron en la oscuridad.(她竖起耳朵,眼睛陷入黑暗中。)

　　在短语 *aguzar las orejas* 中,动词 *aguzar* 的意思为"使某物变得尖锐,锐利"。因此,*aguzar los orejas* 比较难以按字面意思进行解读。通过对 *oreja* 一词的物性结构进行分析,可发现 *oreja* 的功能角色为"接受声波,提供听觉"。*oreja* 的语义由此延伸为"听觉能力"。动词 *aguzar* 意为"使某物变得锋利",与表示感官能力的名词搭配时,语义延伸为"使……变得灵敏"。该短语的语义也就可以解读为"使听力变得灵敏,听得更加清楚,仔细听"。通过分析 *oreja* 的功能角色,可知其词义可以延伸为"听"这一功能。因此,短语 *aguzar las orejas* 可解读为"认真听,仔细听"。短语 *aguzar las ojos* 引申义为"仔细看,认真看",其引申语义的生成机制与 *aguzar las orejas* 相似,是短语中的人体器官名词的功能角色得到突显后

的结果。

例2　tapar/cerrar las orejas 堵起耳朵，不想听

a. Usted sabe que don Cándido Oreja cierra las orejas cuando se le pide dinero.（你知道 Don Cándido Oreja 在有人向他要钱的时候会充耳不闻。）

b. Empeñada en cerrar los ojos y taparse las orejas ante los problemas.（遇到问题时，他决心闭上眼睛，捂住耳朵。）

c. Me senté bajo un árbol oyendo tus quejas y me tapé las orejas.（我坐在树下，听着你的抱怨，捂着耳朵。）

d. Quise cerrar las orejas, como uno cierra los ojos. Las palabras de la Pringlin me pinchaban por dentro.（我想捂上我的耳朵，就像一个人闭上眼睛一样。Pringlin 的话刺痛了我的心。）

在例2中，动词 *tapar* 意为"覆盖，盖住"，*cerrar* 为"关闭"之意。在使用过程中，短语 *tapar las orejas* 以及 *cerrar las orejas* 均可从字面上进行解读，即"捂住耳朵"。除此以外，两个短语也都有引申含义"不想听"。这一语义的生成与名词 *oreja* 的功能角色的突显有关，其功能角色为"接收声波，提供听觉"，将耳朵捂上，也就无法实现其功能"听"，因此短语 *tapar las orejas* 以及 *cerrar las orejas* 产生了引申语义"不想听"。

例3　dar oídos

a. Se deja llevar con frecuencia del primer impulso, sin dar oídos a la reflexión.（他常常被第一时间的冲动冲昏头脑，而不去反思。）

b. Si vas a dar oídos a todos los cuentos, marcha y no vuelvas.（如果你要听所有的故事，那就走吧，不要再回来了。）

c. Mayor el desconsuelo de las otras que acusaban al Santo Tribunal de dar oídos a denuncias anónimas.（其他指责神圣法庭对匿名投诉听之任之的人的沮丧之情更加强烈。）

d. Paco. Quieres que dé oídos a esas proposiciones repulsivas?（你想让我听这些令人厌恶的建议吗？）

短语 *dar oídos* 中，动词 *dar* 有"给予，提供"之意，因此，*dar oídos* 字面义为"给耳朵，把耳朵给……"。但在以上例句中，该短语并不能按字面语义来进行解读。*dar oídos* 引申义为"听，听取，理会，给予关注"之意，这一语义的延伸机制可通过分析名词 *oído* 的物性结构得到解释。人体器官名词 *oído* 物性结构中的功能角色为"提供听觉"，其语义中衍生出了与听觉功

能相关的释义。短语 *dar oídos* 的语义也就从字面上的"给耳朵"引申为"听取、注意"等意思。

例4　刺耳

a. 这话听起来有些刺耳,但是客观事实的确如此。

b. 中肯的语言尽管很刺耳,但对行为有帮助。

c. 猛然间,一声刺耳的马达怪叫撕破了盛夏的燥热。

d. 船体剧烈地震颤晃动起来,发出刺耳的金属撞击声。

例4中,动词"刺"意为"用尖锐的物体扎",但结合上述语料,可发现短语"刺耳"并非是动词"刺"与名词"耳"语义的叠加,意为"用尖锐的物体扎耳朵"这一动作,而是在使用过程中由动宾结构固化成为形容词,意为"令人听起来难受的,不舒服的",通常用于形容声音(例4c、d)或所说的话语(例4a、b)。这一语义的延伸与"耳朵"一词的物性结构有关,其功能角色为"提供听觉","刺耳"一词从而可以用来形容听觉上的感受。

例5　不敢相信自己的耳朵

a. 我真有点不敢相信自己的耳朵,还以为是听错了:"赔我？是我自己不小心掉落的。"

b. 我惊呆了,我简直不敢相信自己的耳朵,这怎么可能呢？

c. 白雪简直不敢相信自己的耳朵,她连着说:"什么,你说什么？"

d. 张一凡不敢相信自己的耳朵,再问:"是……是那个车站要挪到这里吗？"

例5中,"不敢相信自己的耳朵"的语义延伸机制与"不敢相信自己的眼睛"相似,其语义并非字面义的叠加"怀疑自己的耳朵,认为自己的耳朵是不真实的",而是"不相信自己通过耳朵所听到的东西"。从句子的表层结构来看,动词"相信"的宾语是名词"耳朵",而实际上,名词"耳朵"所包含的语义信息为"通过耳朵所听到的内容"。通过分析"耳朵"的物性结构可得知其功能角色为"接收声波,提供听觉",因此,该短语延伸语义的生成是名词"耳朵"的物性结构得到突显的结果。

例6　充耳不闻

a. 说也无用,只得充耳不闻,一任她们去闹。

b. 他在那里仍然充耳不闻,我行我素。

c. 如果一个领导者缺少对工作、对事业的高度的责任感,那么,他对群众的呼声、本单位存在的问题就会视而不见、充耳不闻,即使发现了问题也不会自觉地去解决。

d. 乔丹说:"我的身体已经传递了信息,我不能充耳不闻。不过,我希望周四就能重返赛场。"

例6 成语"充耳不闻"意为"不在意某些事情,不听取别人的意见等","充"原意为"多的,满的",为形容词,用作动词时意为"使……满,塞满"。"充耳"可解为"把耳朵塞住","塞住耳朵"到"不听"这一语义的延伸与名词"耳朵"的功能角色凸显有关。"耳朵"的功能角色为"接收声波,提供听觉","塞住耳朵"后声音就无法进入耳朵,从而无法产生听觉,由此,"塞住耳朵"的语义延伸为"不听"。

例7 竖起耳朵

a. 他虽然闭着眼睛,却竖起耳朵在听着周围的动静。

b. 米卢的声音很低,翻译的声音更低,记者竖起耳朵也没听清。

c. 大家都竖起耳朵听202室内的动静。

d. 每天晚上,当他在油灯下做完作业,便吹熄灯手里攥一把石子,竖起耳朵静听老鼠的响动。

"竖起"意为"将物体直立起来",但是作为人体器官的耳朵却难以"竖起",因此,短语"竖起耳朵"不能简单从字面上去进行解读。通过对"耳朵"一词的物性结构进行分析,可发现"耳朵"的功能角色为"接受声波,提供听觉"。"竖起耳朵"这一动作常见于动物,耳朵竖起后有利于声音更好地进入耳朵,听得更清楚。因此,"竖起耳朵"可引申为"认真听,仔细听",这一语义的生成与"耳朵"的功能角色有关。

例8 隔墙有耳

a. 他们不敢在家中商量这事情,生怕隔墙有耳,就跑到公园,又怕人认出,便戴了口罩。

b. 于是他哼唱起来,声音却是很低沉,仿佛仍然害怕隔墙有耳。

c. 不幸,想什么就说什么的习惯一旦形成,她也就顾不得隔墙有耳了。

d. 首先,不论他在自己家中干些什么,总是觉得隔墙有耳。

成语"隔墙有耳"字面语义为"墙上有耳朵",而在使用时通常理解为"有人偷听",这是该成语的引申语义。从字面义"墙上有耳朵"到"有人偷听"这一语义的延伸中,人体器官名词"耳朵"引申为动词"听"这一过程极为重要,这是"耳朵"一词的功能角色得以突显后所产生的结果。在名词"耳朵"的物性结构中,其功能角色为"提供听觉",为阐释人体器官名词"耳朵"引申为动作"听"提供了新的角度。

6 隐喻义和转喻义的语义组合

6.2.3 mano/手

例1 echar una mano

a. —Diego, tengo que echarle una mano a una persona para que resuelva un problema gordo y no puedo fallarle.（迭戈，我必须帮助某人解决一个大问题，我不能让他们失望。）

b. Teresa, quería hablar contigo de una cosa delicada, a ver si puedes echarme una mano.（特里萨，我想和你谈一些微妙的事情，看看你是否能帮我一把。）

c. Bájate del carro y mira a ver si puedes echar una mano a esos pobres.（下车，看看你是否能向那些可怜的人伸出援手。）

d. Ha tenido que forzar su recuperación para echar una mano al equipo en los últimos partidos.（在过去的几场比赛中，他不得不强迫自己恢复，帮助球队。）

动词 *echar* 意为"对一个物体施加力量，使其离开原来所在的位置"，其语义与汉语中的"丢""扔""抛"等动词语义相近。而短语 *echar una mano* 却不能只从字面上去将其理解为"扔一只手""丢一只手"等。名词 *mano* 的功能角色为"帮助人类完成大量活动与任务的器官"。由于名词 *mano* 的物性结构中功能角色得到突显，短语 *echar una mano* 产生了引申语义"提供帮助，伸出援手"。

例2 meter manos

a. Quería saber si a mi juicio era necesario meterles mano.（我想知道，在我看来，是否有必要对他们进行干预。）

b. Llevo toda la mañana metiéndole mano al proyecto.（我整个上午都在忙着这个项目。）

c. Difícil meterle mano al asunto.（我很难插手。）

d. Para poder vislumbrar el camino correcto es necesario meter mano en la lucha contra la descarada desigualdad.（为了窥见正确的前进方向，有必要在反对公然的不平等的斗争中进行干预。）

短语 *meter manos* 的动词 *meter* 语义解释为 *encerrar, introducir o incluir algo dentro de otra cosa o en alguna parte*，即"将某物放入、装入、塞入另一个物体中"，因此短语 *meter manos* 可理解为"把手伸入或放入

……",这一语义为该短语的字面义。在上述语料中,该短语均不从字面义去进行解读,其引申的含义为"干涉,干预"。通过分析名词 *mano* 的物性结构可以得知,其功能角色是"辅助人类完成一定动作和任务"。手可以帮助人们做事,因此短语 *meter manos* 的语义便可以由字面义"把手放入"引申为"干涉,干预"之义。这一短语的语义生成机制与汉语中的"插手"一词类似,其字面意思也为"把手放入",延伸语义为"干预"。

例3 dar la primera/última mano a algo 着手筹划,动手干,修饰,润色,最后加工

a. Todo fue bastante bien, hasta que decidí darle la primera mano a la tarima.(一切都很顺利,直到我决定开始地板的工作。)

b. El padre provincial Antonio de Mendoza pasó a dar la última mano a este importante asunto.(安东尼奥·德·门多萨神父继续为这一重要事项作最后收尾。)

c. Dio la última mano a los párrafos finales del último capítulo.(他为最后一章的最后几段做了润色。)

动词 *dar* 通常理解为"给予,提供"之意,但上述两个短语按字面意义难以进行恰当的解读。短语中形容词 *primero* 是"第一的,最初的"之意,*último* 意为"最后的"。名词 *mano* 的功能角色为"是人类抓、握物品,使用工具的器官,协助人类完成一些动作和活动,可以帮助人们做事"。基于这一功能角色,名词 *mano* 的语义可以从本义人体器官延伸为"所完成的工作",短语 *dar la primera mano a algo* 的语义也就可以理解为"开始完成工作的起始部分,即动手,着手做某事",类似地,短语 *dar la última mano a algo* 也延伸出了"完成工作最后的部分,即最后加工、收尾、修饰润色"等语义。这两个短语延伸语义的生成机制均可以从剖析其中的名词 *mano* 的物性结构,从它的功能角色出发,进行解释。

例4 contratar mano de obra

a. Hombres y mujeres participan en esta labor, algunos contratan mano de obra y otros utilizan mano de obra familiar.(男子和妇女都参与了这项工作,有些人使用雇用劳动,有些人使用家庭劳动。)

b. Esto les ha llevado a buscar la alternativa de contratar mano de obra femenina para esta labor.(这导致他们寻找替代方案,雇用女性劳动力从事这项工作。)

c. No hace falta contratar mano de obra para la cosecha.(收获时不需

要雇用劳动力。)

d. Si su condición económica lo permite, contratan mano de obra. (如果他们的经济条件允许,他们确实会雇用劳动力。)

短语 contratar mano de obra 意为"雇用劳动力",其中为 mano de obra "人力,劳动力"。名词 mano 的本义为"人体器官手",引申出了"劳动力"之意。这一衍生语义的生成与名词 mano 物性结构中的功能角色有关,其功能角色为"人类用于使用工具的器官,可协助人类从事劳动生产活动"。名词 mano 功能角色的突显使得其延伸出了与"劳动,工作"等相关的语义。在此基础上,mano de obra 可被解读为"人力,劳动力"。

例5　mano dura

a. Un comerciante pidió mano dura contra la venta ambulante. (一位商贩呼吁严厉打击街头售货活动。)

b. Mientras tanto los israelíes están preocupados por la mano dura que la policía palestina está adoptando contra los palestinos que colaboraron con Israel. (同时,以色列人对巴勒斯坦警察对与以色列合作的巴勒斯坦人采取高压手段表示担忧。)

c. Nebot anuncia mano dura contra el terrorismo y la delincuencia. (内博特宣布对恐怖主义和犯罪采取强硬手段。)

d. Manifestó que "habrá mano dura" contra el narcotráfico. (他表示,对毒品贩运"将下狠手"。)

名词 mano dura 从字面上来看,意思是"硬的手",引申语义为"强硬的,严厉的手段"。名词 mano 的语义从"人体器官"延伸为"手段"。通过分析 mano 的物性结构,可以得知它的功能角色为"人类用于抓握物品,使用工具的器官"。"手"可以帮助人类完成一些活动,这一功能使得名词 mano 延伸出了"做法,办法,手段,措施"等与功能相关的引申语义。mano dura 也因此被理解为"强硬,严厉的手段"。

例6　buena mano

a. Darles la forma adecuada a las gemas es un trabajo que requiere pericia y buena mano. (将宝石塑造成正确的形状是一项需要技巧的工作。)

b. Porque Rosa tenía muy buena mano para la costura y los detalles. (因为罗莎对于缝纫和细节处理有很好的技巧。)

c. Pero tengo buena mano para imitar sus escrituras. (但我在模仿她的写作方面有一手好功夫。)

d. Cortés, que tenía buena mano para la poesía, compuso unas coplas revolucionarias a las que tituló Soneto Americano. (科尔特斯写得一手好诗，他创作了一些革命性的对联，他称为美国之声。)

名词词组 *buena mano* 字面语义为"好的手"，但在以上的例句中，*buena mano* 应该理解为"娴熟的技艺，高超的技巧"等。例 6b、c、d 中的短语 *tener buena mano para…* 字面语义为"有好的手"，但在以上的句子中，是"擅长做某事"之意。*buena mano* 引申出"技艺，技巧"等语义，这是名词 *mano* 的功能角色得到突显后的结果。*mano* 的功能角色是"帮助人们做事，完成各类活动"，在此基础上，名词 *mano* 的意思便由最初语义"人体器官手"延伸为与其功能有关的"技艺，技巧"等语义。

例 7　*caer en manos de uno*

a. Evitar que pueda caer en manos de otra mujer que sería su competidora. (防止她落入另一个将成为她竞争对手的女人手中。)

b. No es lo mismo caer en manos del juez Garzón que en manos del Tribunal Supremo. (落入加尔松法官的手中，不等于落入最高法院的手中。)

c. Terminó por caer en manos de los persas. (它最终落入了波斯人的手中。)

d. En un principio ella se pronuncia sobre la necesidad de que él parta para no caer en manos de quienes lo buscan para tomarlo preso. (一开始她就说他应该离开，这样他就不会落入那些寻找他的人手中，把他俘虏。)

短语 *caer en manos de uno* 的字面语义为"掉入某人的手里"。在有些情况下，例如主语为抽象的事物或是人，该短语便无法从字面义进行解读，需要考虑其引申义。短语 *caer en manos de uno* 常用的释义除了字面义外，还有引申的含义："落入某人的掌控之中，被某人控制"。这一语义的产生可与名词 *mano* 的功能角色相联系，手是人类用来拿取和抓握物品的器官。基于人们的这一认知，人体器官名词"手"引申出"掌控，控制"之意。短语 *caer en manos de uno* 因此衍生出"落入某人的掌控"之意。

例 8　*ensuciar las manos*

a. Comprendieron que en lugar de ensuciarse las manos en los negocios ilícitos podrían alquilar mafiosos. (他们明白，与其沾染上非法生意，不如雇佣黑手党。)

b. Al menos no me ensuciaba las manos porque no tenía parte directa en la guerra.（至少我没有同流合污,因为我没有直接参与战争。）

c. Te aseguro que buscará alguna excusa estúpida para explicarlo todo y no ensuciarse las manos.（我相信他一定会找到一些愚蠢的借口来解释这一切,独善其身。）

在短语 *ensuciar las manos* 中,动词 *ensuciar* 为"使变脏,弄脏"之意, *ensuciar las manos* 字面上的意思是"弄脏手"。在该短语的实际使用情况中,除了字面语义外,其引申含义"沾染到不好的事情,与不好的事情有关联,或者是卷入,参与到其中",也有广泛的应用。从字面语义"弄脏手"到衍生义"与不好的事情有关联",其生成机制与短语中的名词 *mano* 的物性结构有关。通过分析,我们可以发现该名词的功能角色为"人类用来使用工具,做事情的人体器官"。短语 *ensuciar las manos* 由此延伸出与 *mano* 的功能有关的语义"参与完成不好的事情"。

例9　dar la mano

a. El organismo que les dio la mano fue una iniciativa llamada Proyecto de la Región Seca del Pacífico Sur de Nicaragua(PROSESUR).（为他们提供帮助的组织是一个名为尼加拉瓜南太平洋干旱地区项目的倡议。）

b. Comenzó a atar cabos y cifras, dándole una mano a Luis Alberto, que no lograba ordenar la información recopilada.（他开始连接点和数字,向路易斯·阿尔贝托伸出援手,他无法理清自己收集的信息。）

c. Cómo estupidez? Estoy tratando de darle una mano a Drago.（多么愚蠢？我想给德拉戈帮个忙。）

d. Porque todos me han dicho que usted es una persona sensible y que le daría una mano a la hermana de su esposa.（因为每个人都告诉我,你是一个敏感的人,你会向你妻子的妹妹伸出援手。）

在短语 *dar la mano* 中,动词 *dar* 意为"给予,提供",因此该短语字面义为"把手给……"。上述语料中, *dar la mano* 的语义为延伸义"提供帮助"。通过分析短语中宾语名词 *mano* 的物性结构,可知其功能角色为"人类用来抓、握物品,使用工具的器官",手的以上功能使其成为人类从事许多活动和完成任务的重要器官。名词 *mano* 功能角色的突显使得 *dar la mano* 从字面义"把手给……"延伸为"伸出援手,给予帮助"之义。

例10　vivir uno por sus manos

a. Son iguales los que viven por sus manos y los ricos.（靠自己双手吃饭的人和富人是平等的。）

b. Pequeños talleristas que viven por sus manos.(靠手艺吃饭的小作坊主。)

从字面上看,短语 *vivir por sus manos* 的语义为"靠手生活",但根据上述例句,该短语理解为"靠自己的劳动生活,自力更生"等更为合适。这一语义的延伸与名词 *mano* 物性结构中的功能角色有关。手是人类使用工具,从事生产劳动的重要器官,这是名词 *mano* 的功能角色。以此为基础,短语 *vivir por sus manos* 中的名词 *mano* 的语义由其本义"人体器官手"引申为"用手完成的劳动和工作",短语的意思也由此延伸为"靠自己的劳动生活"。

例 11   cambiar algo de manos

a. La riqueza puede cambiar de manos.(财富可以易手。)

b. La madre ve cambiar de manos una pequeña fortuna.(母亲看到一小笔财富转手。)

c. Así,pues,el oro-como hoy-pudo cambiar de manos por muchas y diversas razones,o sin razones.(因此,黄金——就像今天一样——可能因为许多不同的原因而易手,或者根本没有原因。)

d. Una fortuna puede cambiar de manos en sólo una noche.(一夜之间,财富就能易手。)

短语 *cambiar algo de manos* 的语义为"某物的所属者发生变化",与其字面语义有所不同。对短语中的名词 *mano* 的物性结构进行分析,可以发现其功能角色为"人类用于拿取和抓握物品的器官"。在此基础上,可以理解为人体名词 *mano* 引申出了与其功能相关的"拥有,所属"等语义。短语 *cambiar algo de manos* 也就不能仅从字面上理解为"改变手",人体器官名词 *mano* 功能角色的突显使得短语 *cambiar algo de manos* 衍生出了"某物改变所属者"的语义。在汉语中也有类似的说法:"几经易手"。"易手"同样不能从字面上理解为"改变手",而是"其所属者发生变化",其语义生成机制与西语短语 *cambiar algo de manos* 是相似的。

例 12   露一手

a. 魏安民用手指随声附和,碰巧被人发现,硬被人拉上台露一手,不料一曲终了,大受欢迎。

b. 他的兴趣爱好广泛,致力话剧运动之外,偶尔露一手京剧清唱。

c. 他对自己调配的酒非常满意,常常要向亲朋好友露一手。

d. 不知道我是谁呀?给你露一手儿!

6 隐喻义和转喻义的语义组合

动词"露"意为"显现在外",而短语"露一手"的语义却不能理解为"把手露出来"。"露一手"通常被理解为"在某一方面或某件事上显示本领"。根据"手"的物性结构可知,其功能角色为人类用于获取劳动技能,从事劳动工作的人体器官。当这一角色被激活后,短语"露一手"的语义也就从字面义"把手露出来"延伸为"显示某一方面的本领"。

例13 伸出援手

a. 小组里有的同学遇到困难,她也主动伸出援手。

b. 时下正值灾后重建,全国各地纷纷对灾区人民伸出援手。

c. 黎巴嫩在遭到以色列侵犯并蒙受重大经济损失后,紧急呼吁国际社会伸出援手。

d. 只因为我有了困难,他就挺身而出伸出援手。

例13中,"伸出援手"意为"提供帮助",而其字面义为"伸出援助之手",这一延伸语义的生成机制可从"手"的物性角色出发进行解释。"手"的功能角色为"人类用于劳动,使用工具的器官"。"伸出援手"即"伸出援助之手",这一短语在解读时不能只是理解为"伸出援助的手"。由于"手"具有可以辅助人类完成一定动作和任务的功能,因此,"伸出援手"语义延伸为"提供援助",是名词"手"的物性结构中功能角色突显后的结果。

例14 上手

a. Flash 与其他工具相比,具有矢量描述、播放流畅、数据量小、色彩鲜明等特点。上手很容易,凡是用过类似 Photoshop 软件的人就可以很轻松地掌握用 Flash 制作动画。

b. 网络课程的开发迫切需要有功能强、易上手的制作工具。

c. 我们乐意要河大学生,他们一来就能上手,而且思想稳定,工作专心。

d. 工作很快上手,现在他领导的课题组内,已经有6个新产品研制成功。

根据对上述语料的分析可知,"上手"一词意为"开始做某事",名词"手"与"做事情"这一语义的联系与"手"的物性结构有关。分析名词"手"的物性结构,可以发现,其功能角色为"辅助人类完成一定动作和任务的功能",即有"帮助人们做事"的功能。因此,可以得知,名词"手"的功能角色突显是短语"上手"语义延伸为"开始做某事"的原因。

例15 下手

a. 如何才能对组织资源进行有效整合,具体从何处下手等问题均与管理的目标与手段确认有关。

b. 当然我这样一来,就难免有下手过重之失。

c. 情况十分危急,现在项庄正在舞剑,看来他们要对沛公下手了。

d. 完颜亮秘密潜入宫中计划对金闵宗下手。

"下手"一词具有"实施,动手,着手"(例15a、b),部分用法对于宾语"所做的事"具有负面义的指涉(例15c、d)等语义。在这一短语中,"下手"意为"动手做某事",这一语义的生成同样是与名词"手"的功能角色有关。手是人类用来从事各类活动的器官,这一功能角色的显现使得"下手"的语义可以被理解为"动手做某事,实施某种行为"。

例16 放手

a. 这就像在水下按葫芦一样,不能放手,一放手这葫芦马上就要浮起来。

b. 她喊着儿子的乳名扑上去,一把抱住儿子再也不肯放手。

c. 出于安全考虑,女儿拿到学生驾照后,我没有马上放手让她自己开车上街。

d. 要循序渐进地教会孩子做一些力所能及的事,大胆地放手让孩子做一些力所能及的事。

在"放手"这一短语中,"放"意为"解除束缚,松开",其字面义(例16a、b)为"解除对手的束缚,即将手松开"。除此之外,"放手"还有"停止和放弃对某事的掌控"之义(例16c、d)。分析名词"手"的物性结构,可知其功能角色为"辅助人类完成各类活动"。在这一短语中,动词"放"与宾语名词"手"的功能角色产生语义互动,从而使"放弃控制"这一语义浮现。

例17 缺少人手

a. 他家中盖房缺少人手,全家老少忙得不可开交。

b. 他还表示,希望世界银行和国际环境保护机构承诺提供的资金能尽快到位,使图母卡马克山国家公园不会像亚马孙地区其他公园那样,由于资金短缺而陷入缺少人手看管,非法开采猖獗、游客罕至的窘境。

c. 四年前,她的弟弟接任厂主后,因缺少人手,请她担任了主管出口的经理。

d. 村民们遇到什么急难和麻烦,都会想到他们,像钥匙忘在家里、搬家缺少人手、孩子生病,他们都会打电话投诉和请求援助。

"缺少人手"字面义为"缺少手",但根据上述语料,可知该短语并不能简单地将语义理解为"缺少"和"手"两者词义的叠加。通过分析名词"手"的物性结构可知,"手"的功能主要是用来抓取和握住东西,是人类使用工具、从事劳动工作的重要工具。因此,由于名词"手"的功能角色的凸显,短语"缺人手"的语义由字面义"缺少手"延伸为"缺乏劳动力"。

例18 动手

a. 有一次,子路和冉有向他请教:"一个人想办一件事,能不能马上动手?"

b. 她把画画儿的功夫用在陶瓷作品的造型设计上,不画出满意的造型就不动手制作。

c. 现在要动手修改了,才想到要把这些东西按照先后顺序预先系统地写下来,重新记在笔记里。

d. 就在我们动手写这部作品时,一个"中国发展高层论坛专题国际研讨会"在北京召开。

短语"动手"中的"动"意为"使用",与"动脑子""动嘴""动笔"等短语中的"动"同义。因此,"动手"字面义为"用手",而通过分析"手"的物性结构可以发现,其功能角色为"帮助人类完成特定动作和任务的人体器官",由此,"动手"的语义可延伸为"开始做某事"。

6.3 西-汉隐喻义和转喻义的语义浮现
——名词形式角色的凸显

6.3.1 ojo/眼

例1 costar un ojo de la cara

a. Sin haberse quitado el traje de Armani que le había costado un ojo de la cara.(他没有脱下那套昂贵的阿玛尼西装。)

b. Salió a comprarse su par de soñadas zapatillas de marca que le costaron un ojo de la cara.(他出去买了一双他梦寐以求的品牌训练鞋,这双鞋花费高昂。)

c. Una llamada por teléfono desde las antípodas, en esos años, costaba un ojo de la cara.(在那些年里,从地球另一端打一个电话要花很多钱。)

d. La televisión era magnífica pero costaba un ojo de la cara.(电视是很好,但很贵。)

在短语 costar un ojo de la cara 中,动词 costar 意为"花费,耗费",该短语的字面义即为"某物花费或价值一只眼睛",其转喻义为"价格高昂,花费巨大"。分析名词 ojo 的形式角色可知,它是人体器官之一。身上的器官对于人体而言是非常重要的,器官的缺失会导致人体部分功能的丢失,影响日常生活,一些极为重要的人体器官的缺失甚至会造成生命危险。眼睛对于人体而言无疑是重要的器官。短语 costar un ojo de la cara 的字面义"花费了一只眼睛"也就可以因此衍生为"代价高昂"。

例 2　众目睽睽

a. 当我沮丧地告诉她,盆景脱水太久,榆树无法救治时,她当即在众目睽睽之下哭泣起来。

b. 也许这年轻人觉得众目睽睽下,被人从后车门赶下去太尴尬,宁可花 100 倍的钱挽回这尴尬局面。

c. 最后,伊尔面对恐怖气氛,在众目睽睽之下,慢慢地朝舞台间走去。

d. 在众目睽睽之下,他走下高高的监控塔,回到飞机中与其他两人进行交谈。

汉语表达"众目睽睽"的语义为"在……面前","当着……的面"。根据对"眼睛"的物性结构的分析,可知其形式角色为"人体器官,是人体的一部分",由此,"眼睛"被用于表示"人"。"在众目睽睽之下"也就不能简单地理解为"在许多眼睛面前",而是要理解为"在人面前"。

6.3.2　oreja/耳

例　耳目

a. 政府派刺史来调查,不过当一个耳目。

b. 国君的秘书长官不仅负责机要文书档案,而且作为国君的耳目亲信,开始具有监察其他官员的职能。

c. "你这里朝廷耳目众多,加之张大经已知道我潜来谷城,住下去对你诸多不便。"

d. 张永一看,皱起眉头说:"这个人每天在皇上身边,耳目众多,要铲除他可难啊!"

在上述例句中,"耳目"一词并非指"眼睛和耳朵"这两个器官,而是意为"打探消息的人"。可以看到,在这一语义的延伸中,"眼睛"和"耳朵"代指人,两者的形式角色均为"人体器官,是人体的一部分"。其形式角色的突显使得本义为人体器官的"耳目"可用以代指人。

6.3.3　mano/手

例　手足

a. 那一种真挚的手足之情,令周围的人都深为感动。

b. 大哥生了重病,非常危险,请你念兄弟手足之情,赶快来探望他。

c. 1989年秋天,离乡背井40年的王光复,终于回到北京探望一心想念的亲手足。

d. 从此,晓丽和韩老师的独生女儿迎迎为伴,经常穿一样的衣服,吃一个锅的饭,情同手足。

在汉语中,"手足"一词除了具有字面语义"人体器官手脚"以外,还有延伸语义"兄弟"。"情同手足""手足情深""手足之情"等与"手足"有关的成语通常用于表达"密切,难以分割的联系"之意。名词"手足"的形式角色为"人体器官,人体的一部分"。"手足"是人体重要的器官,与人体联系密切。名词"手足"的语义从本义"人体器官"延伸出"密切,难以分割的联系"之意,这一语义延伸与其物性结构中的形式角色有关。

6.3.4　cabeza/头

例1　hacer cabeza

a. Rolando Enríquez Cuéllar, puedan declarar, el 22 de julio, ante la Comisión que se hizo cabeza del Ministerio Público en esta investigación. (Rolando Enríquez Cuéllar,可以在7月22日,在成为该调查的检察院负责人的委员会面前作证。)

b. La conquistó Godofredo de Bouillon y la hizo cabeza de una Monarquía. (布永的戈弗雷将其征服,并使其成为君主国的首领。)

c. En 1558, Felipe II la hizo cabeza de Condado a favor de D. Fernando de Torres y Portugal. (1558年,菲利普二世将其任命为一个郡的首领,以支持费尔南多·德·托雷斯和葡萄牙。)

d. Siempre hay una persona del consejo que hace cabeza cuando el padre no está. (当父亲不在的时候,总有一个理事会的人带头。)

上述例句中短语 *hacer cabeza* 的语义应从其衍生语义,即"成为领袖,领导"来理解。该短语这一引申义的生成机制与名词 *cabeza* 的形式角色有关。分析名词 *cabeza* 的物性结构,可知其形式角色为"位于人体吻端的器官",这一相对位置被广泛应用在转喻中,以及头部作为人体器官,是人体的一部分,被用于代指人。因此,在短语 *hacer cabeza* 中,人体器官"头"被转喻为"领袖,领导",是其形式角色被激活后的结果。

例2　bajar la cabeza

a. Pero muchos han fallado. Yo no voy a bajar la cabeza.〔但是许多人都失败了。我不会低下头(认输)的。〕

b. Esa actitud prepotente tal vez resulte ofensiva en un mundo acostumbrado a bajar la cabeza y sufrir.(在一个习惯于低头吃苦的世界里,这种傲慢的态度可能会让人反感。)

c. Yo no he hecho nada malo. No voy a bajar la cabeza. He dejado mi vida, mi trabajo, por el Barça.(我没有做错什么,我不会把头低下的。我已经为巴萨放弃了我的生活,我的工作。)

d. Ante eso no le quedaba más remedio que bajar la cabeza y aceptar humildemente el criterio de su superior.(面对这种情况,他别无选择,只能低头接受上司的判决。)

短语 *bajar la cabeza* 的字面语义为"把头低下"这一动作,引申的语义为"屈服,顺从,让步"。名词 *cabeza* 的形式角色为"位于人体吻端的器官",即当头部位于相对较低的位置时,整个人体所处的位置也是较低的。在方位隐喻中,高度上偏低的位置往往与负面的、不好的事物相联系。这是由于包括人类在健康和清醒的状态下是直立的、向上的,而在生病或是睡觉,即意识相对没那么清醒时,是躺着的,从方位上来看,是处于偏低的位置。人们把这一认知投射至语言中。其次,作为人体器官,名词 *cabeza* 可用于代指人,短语 *bajar la cabeza* 便引申出了"屈服,顺从"等语义。

例3　开头/起头

a. 发在这里的一组文章,只是开个头,很希望能够得到公关界的同仁和广大读者的呼应。

b. 今天发布的管理理论研究成果为加强乡镇企业理论建设开了个好头,我们要继续做好这项工作,共同为乡镇企业的进一步发展出谋划策,贡献力量。

c. 这样的好事,村组干部起个头,农民是会一呼百应的。

d. 另一个唱《斩黄袍》,才起个头"进朝来为王怎样对你表",声就哑了。

6 隐喻义和转喻义的语义组合

"开头/起头"意为"完成某事或某项任务的起始部分"。从字面义来看,短语"开头"的宾语为"头",其本义为人体器官。分析"头"的物性结构,其形式角色为"位于人体吻端部分的器官"。而短语"开头"中以"头"来指称"起始部分",这一语义的形成正是由于名词"头"的形式角色突显后的结果。

例4 抬不起头

a. 楚国自从城濮失败以来,一直抬不起头来。

b. 他们注意到按成绩分班给学生心理带来的消极影响,如慢班的学生因为感到自己身上被打上了一个成绩劣等的标记,便觉得低人一等,抬不起头来。

c. 他心里很不是滋味,妻子小英也觉得在公婆和妯娌的面前抬不起头。

d. 各种非议和压力压得她抬不起头。

短语"抬不起头"既有字面义"无法实现将头部抬起这一动作",也有引申的语义"自卑,感觉自己不如别人",本节要讨论的是其引申语义的生成机制。"低"这一方位词往往与"不好的,坏的"相联系。认知语言学认为,这是因为人或哺乳动物在清醒、健康的状态下常常是站立的,在方位概念上是"向上的,高的",而在生病或是睡觉等意识不清晰的状态时是躺着的,即在方位上是"向下,相对位置较低的"。因此,"上"或"高"经常与"好的,积极的"相联系,而方位词"下"和"低"更多地与"不好的,负面的"相关联。在短语"抬不起头"中,"起"表达的方向是向上的,而"抬不起"则意味着"处于一个相对较低的位置"。由名词"头"的形式角色可知,它是人体器官,是人体的一部分,可用来代指人,再结合方位词"低"的隐喻,"抬不起头"由此被解读为"自卑的,不自信的,感觉自己不如别人"等消极的语义。

例5 垂头丧气

a. 小五的思想包袱越背越重,情绪显得非常低落,整天垂头丧气地一个人坐在小酒馆里喝闷酒。

b. 该公司创始人威廉·波音并没因此垂头丧气,而是进行了深刻的反思。

c. 然而,有一些企业却垂头丧气,产生一种失落感。

d. 从不为一点成绩喜形于色,也不为一点挫折垂头丧气。

成语"垂头丧气"中的"垂头"字面语义是"头垂下"。"垂头丧气"意为"沮丧,情绪低落"。如上文例4分析所述,"下"这一方位词往往与消极的事物相联系。分析名词"头"的物性结构,其形式角色为人体器官,作为人体的一部分,可用于代指人,由于方位词"下"常与负面事物相联系,"垂头丧气"

因此引申出"无精打采的,情绪低落"之义。

例6　首脑/首领/头目

a. 法国的选举工作由内政部监督,各选区设选举局,由行政首脑及其所委任的官员负责监督选举工作。

b. 而作为企业的"首领"——企业家的综合素质、个人魅力和社会知名度,是企业竞争力的关键因素。

c. 江阴市公安机关与有关地区公安机关跨省市联手行动,犯罪集团的部分头目和成员在江阴和广州等地落网。

上述例句中的"首领""首脑""元首""头目""头领"等词都与人体器官"头"有关,语义均为"领导,领袖"。名词"头"的语义从本义人体器官衍生出"起带领作用的人,领导"等语义,与"头"的形式角色有关。"头"是位于人体吻端的器官,在这一认知基础上,人们将"头"与人体的相对位置关系投射至对其他事物的认识上。

6.4　西-汉隐喻义和转喻义的语义浮现
　　——名词构成角色的凸显

6.4.1　ojo/眼

例　en los ojos de alguien

a. El rey Sihanouk, ahora un héroe en los ojos de su pueblo, regresó a Nom Pen en triunfo.(西哈努克国王现在是他的人民眼中的英雄,他胜利地回到了诺姆彭。)

b. En los ojos de DeLeon, no importa si son seis o doce horas de trabajo diario.(在DeLeon眼中,每天工作6小时或12小时并不重要。)

c. Esa es la diferencia fundamental entre los dos incidentes en los ojos de los comisarios.(在委员们看来,这就是两起事件的根本区别。)

d. En los ojos de las personas de otra ciudad, New York es una ciudad de dinero y sueño.(在另一个城市的人眼里,纽约是一个金钱和梦想的城市。)

通过分析"眼睛"的物性结构,可知其构成角色为"眼球壁(巩膜、角膜等)、眼内腔(包括晶状体、玻璃体等)、内容物、神经、血管等组织"。眼睛是由许多部分组成的人体器官,有界限的物体我们就可以根据它所容纳物体的数量对这些物体进行量化。物质本身可以被看成容器❶,由此人们从认知上将眼睛抽象为一个空间,与表示方位的词语搭配。同时,眼睛是人体的器官之一,而人具有思考事物的能力,短语 *en los ojo de alguien* 也由此延伸出"认为,主张"等表达观点的意思。

6.4.2　oreja、oído /耳

例1　entrarle a uno algo por un oído y salirle por el otro

a. Lo bueno que digan de ella lo aceptaré con una sonrisa y lo malo entrará por un oído y saldrá por el otro.(他们说的关于她的好话,我会微笑着接受,而坏话则左耳进右耳出。)

b. Yo sé que las cosas que te pueda decir ahora, te pueden entrar por un oído y salir por el otro.(我知道我现在对你说的话可能会左耳进右耳出。)

c. En este estado de cosas, cualquier discurso sobre medio ambiente entrará por un oído y saldrá por el otro.(在这种情况下,任何关于环境的话题都会被当作耳旁风。)

d. Los comentarios de los demás suelen entrarle por un oído y salirle por el otro.(其他人的评论他往往是左耳进右耳出。)

短语 *entrarle a uno algo por un oído y salirle por el otro* 字面义为"从一只耳朵进去,从另一只耳朵出来"。名词"耳朵"作为人体器官,也可以抽象为一个空间。"耳朵"的物性结构中,构成角色为"耳廓、外耳道、中耳、内耳"。西语中的 *entrar* 以及汉语中的"进"都表示从一个空间外面进入里面,*salir* 和"出"的含义都为"从一个空间内部到外部"。同时,根据"耳朵"的功能角色可知,"耳朵"的功能是"接受声波,提供听觉"。因此在 *entrarle a uno algo por un oído y salirle por el otro* 这一短语中,"耳朵"被抽象成一个空间,可以让说的话"进入"和"离开"。同时,由于"耳朵"是听觉器官,于是这一短语的语义就不能简单地解读为一个人所说的话在物理意义上地"进入"和"离开"别人的耳朵。而要进行进一步的延伸,解释为"没有听别人

---

❶ Lakoff, G. & Johnson, M. *Metaphors we live by*[M]. London: The university of Chicago press, 2003.

说话",或是"听了之后没有记住"。这一语义的生成是"耳朵"一词的构成角色凸显后的结果。

例2 llegar algo a oídos de uno

a. Me pregunto si se les da verdadera importancia y si llegan a oídos de los que deben tomar este tipo de decisiones.(我想知道他们是否得到了真正的重视,以及他们是否到达了那些必须做出这种决定的人的耳朵里。)

b. Las buenas noticias rápidamente llegaron a oídos de Miguel Restelli.(这个好消息很快就传到了迈克尔·雷斯泰利的耳朵里。)

c. Esta sucesión de triunfos pronto llegó a oídos de Musa.(这一连串的胜利很快就传到了穆萨的耳朵里。)

d. Espero que esta misma reflexión llegue a oídos de otros autores.(我希望这种思考也能传到其他作者的耳朵里。)

短语 *llegar algo a oídos de uno* 中的动词 *llegar* 一词有"到达"之意,包含了一段位移,需要起点和终点。例2的短语凸显了"耳朵"的构成角色,"耳朵"包括"耳廓、外耳道、中耳、内耳"等组成部分,人体器官"耳朵"被抽象成一个空间。"听到声音"这一语义在句法结构上表达为"声音到达,进入耳朵"。

例3 不堪入耳

a. 一些不堪入耳的话,也从嘴里往外倒。

b. 他不知道说过的话一经传闻夸大起来,就会变得不堪入耳吗?

c. 因为县印刷厂多次催要借款无果,言辞已愈来愈不堪入耳了。

d. 她对着窗口声音嘶哑地拼命嚷着一些不堪入耳的粗话。

成语"不堪入耳"常用于形容声音或者说的话粗俗、恶劣,让人不想去听,听不下去。"入耳"从字面上看是"进入耳朵里面"之意,这一解读不符合日常交流情景。在这一例子中,人体器官名词"耳朵"被抽象为一个空间,这是其构成角色得到突显后的结果。"耳朵"由多个部分组成,被看作能够容纳物体的空间,其次作为人体的听觉器官,具有听觉功能。因此,"入耳"一词的语义便从字面语"进入耳朵"引申为"听到"。成语"不堪入目"的引申语义生成机制与"不堪入耳"相似。

6.4.3 cabeza/头

例1 perder la cabeza

a. Había perdido la cabeza por Margot.(他已经为玛格特失去了

理智。)

b. Un día de estos voy a perder la cabeza por tu culpa.（总有一天我会因为你的错误而失去理智。）

c. Tratando de no perder la cabeza dejó su mente en blanco y recurrió a la respiración profunda.（试图不失去理智，他让自己的大脑一片空白，并深呼吸。）

d. Su madre le dijo que los hombres perderían la cabeza por ella.（她的母亲告诉她，男人会因为她而失去理智。）

在短语 *perder la cabeza* 中，动词 *perder* 意为 *Dejar de tener, o no hallar, aquello que poseía*，即"不再拥有，或找不到原来拥有的物品"，与汉语中的动词"丢失，失去"语义相近。从字面意思来看，*perder la cabeza* 的语义为"丢了头"。在上述例句中，该短语被理解为"失去理智"。分析短语中名词 *cabeza* 的物性结构可知，其构成角色为"包含了大脑以及主要的感官"。其中的大脑是人类用于思考、获得理智和思维能力的重要器官，正是由于头部包含了大脑，因此继承了大脑的上述功能。因此名词 *cabeza* 的语义也从"人体器官，头"延伸为"理智"，短语 *perder la cabeza* 的语义也引申为"失去理智"。

例 2　quebrarse la cabeza

a. No te quebrés la cabeza, empezá con algo simple.（不要绞尽脑汁想破了头，从简单的东西开始。）

b. Mientras yo me quebraba la cabeza, pensando dónde encontrar el dinero para comprarle su casita……（当我绞尽脑汁，想着去哪里找钱给他买他的小房子时……）

c. El lector no tenía que quebrarse la cabeza buscando muchos datos.（读者不必为寻找很多数据而绞尽脑汁。）

d. En cuanto a su identidad, me había quebrado la cabeza en vano.（至于他的身份，已经让我绞尽脑汁。）

动词 *quebrar* 意为"打碎，打破，破坏"，因此短语 *quebrarse la cabeza* 的字面语义为"打破头"。在上述例句中，如若按短语的字面语义则难以对句子进行解读。短语 *quebrarse la cabeza* 的引申义为"想尽办法，冥思苦想，费尽脑筋"。分析名词 *cabeza* 的构成角色可以得知，头部包括了大脑以及五官等，而大脑具有思考等功能。因为短语 *quebrarse la cabeza* 中名词 *cabeza* 构成角色的突显，其语义从字面义"打破头"延伸为"费尽脑筋，想尽办法"之义。

例3　tener mala cabeza

a. O sea, si se tiene mala cabeza , la restauración de patrimonio y la conservación de patrimonio será un desastre.（换句话说,如果你不够谨慎,遗产修复和遗产保护将是一场灾难。）

b. Aunque me dio la impresión que tiene mala cabeza, lo compensa con un juego bastante completo.（虽然我的印象是他并不很聪明,但他用一套相当完整的东西来弥补它。）

c. Siempre tuviste mala cabeza, por lo mismo que eres el más listo de entre nosotros.（你总是太冲动,同样的原因,你是我们中最聪明的。）

d. Si deseaba luego encabezar un proyecto personal distinto y se marchaba, es que tenía mala cabeza o que había hecho algo raro.（如果他后来希望领导一个不同的个人项目而离开,那么他要么是脑子不好使,要么是做错了什么。）

从字面意思来看,短语 *tener mala cabeza* 意为"有坏的头",但在上述例句中,若按这一语义进行解读,难以通顺地理解这些例句。短语 *tener mala cabeza* 通常按其引申的语义来解释: *proceder sin juicio ni consideración*,即"不动脑筋,不加以思考,不理智"这一引申义的生成与名词 *cabeza* 的构成角色有关。人类的头部包含多个器官,其中包括了大脑,而有了大脑人类才能拥有思维能力以及理智。短语 *tener mala cabeza* 在名词 *cabeza* 构成角色的基础上,延伸出了"不聪明,不理性,轻率"等语义。

例4　tener buena cabeza

a. No fui educada, pero tengo buena cabeza.（我没有受过教育,但我很聪明。）

b. Tiene buena cabeza para las estrategias, la financiera e incluso a la hora de memorizar.（他在策略、金融甚至是记忆方面都很擅长。）

c. Hay personas que pueden trabajar muy bien porque tienen buena cabeza.（有些人可以工作得很好,因为他们很聪明。）

d. El edificio es antiguo y necesita reformas, pero sus responsables tienen buena cabeza.（这座建筑很旧,需要翻新,但负责人很聪明。）

短语 *tener buena cabeza* 的字面语义为"有好的头",在上述例句中,该短语无法按其字面意思来理解,应理解为"有才智,有才能"。这一语义的生成机制与上一个例子 *tener mala cabeza* 相似,是名词 *cabeza* 的物性结构

6 隐喻义和转喻义的语义组合

中构成角色得以突显的结果。大脑是人类头部所包括的器官之一，是其构成部分。因为包含大脑这一器官，头部继承了大脑的功能角色"人类获得理智和思维能力的器官"。因此，名词 *cabeza* 的构成角色被激活后使得短语 *tener buena cabeza* 延伸出语义"有才能，聪明"。

例5　cabeza cuadrada

a. Tienen la cabeza cuadrada y las ideas muy fijas.（他们很固执，有非常固定的想法。）

b. Pero parece que los que no cambian son los cabeza cuadrada que no aceptan el cine como entretenimiento.（但似乎不改变的是那些不接受电影作为娱乐方式的固执的人。）

c. Para R yo soy un soberbio de cabeza cuadrada y mente cerrada.（对于R来说，我是一个思维固执闭塞的人。）

d. Te puedes encontrar a algún cabeza cuadrada que solo quiere hablar y que le hablen en catalán.（你可以遇到一些只想用加泰罗尼亚语交谈和被交谈的固执的人。）

cabeza cuadrada 字面义为"方头，方脑袋"，可以指物体的头部呈方块形状，或是指动物或人的头部类似方形。该名词词组的衍生语义为"思维固化，不愿改变，拘泥于条条框框，不懂得灵活应变"等意思。分析名词 *cabeza* 的物性结构，可以发现其构成角色为"包括了大脑、眼睛、鼻子、嘴巴、耳朵等多个器官"。大脑是使得人类拥有思维能力，用于思考的器官。作为"头"的一部分，大脑与"思考，思维"等有关的语义也成了名词 *cabeza* 的衍生语义，*cabeza* 从具象的人体器官引申为抽象的"思维能力"。因此，通过名词 *cabeza* 构成角色的突显，名词词组 *cabeza cuadrada* 衍生出"思维定式，不灵活"等语义。

例6　caber algo en la cabeza

a. No me cabe en la cabeza que pueda prosperar algo así.（我无法想象它会繁荣起来。）

b. La unica razon que me cabe en la cabeza, es por motivos economicos.（我能想到的唯一原因是经济原因。）

c. No me cabe en la cabeza cómo unos padres pueden utilizar la enfermedad de su hijo para lucrarse.（我无法理解父母如何利用他们孩子的疾病来赚钱。）

d. No me cabe en la cabeza como alguien puede llegar a hacer algo tan terrible.（我不明白怎么会有人做这种可怕的事情。）

短语 caber algo en la cabeza 的意思从字面上来看是"把某物放在脑袋里"，但这一个语义并不适合日常交流情景，因此需要考虑到该短语的引申含义。caber algo en la cabeza 还可以理解为"想象，想到"，该短语常用于否定形式，即"想不到，难以想象"。从字面义"把某物放在脑袋里"到引申义"想象，想到某物"，这一语义生成机制可以从名词 cabeza 的物性结构入手来进行探究。在其物性结构中，名词 cabeza 的构成角色为"包括大脑以及五官等多个人体器官"。因为头部包含了大脑，继承了大脑的功能，大脑使得人类能够拥有思考、思维以及想象等能力。由于构成角色的突显，名词 cabeza 延伸出与"思维，想象"有关的语义，短语 caber algo en la cabeza 的语义也从字面义"把某物放在脑袋里"引申为"想象，想到"。

6.5 小结

作为与人类自身密切相关的一类名词，人体器官词汇在不同语言文化中都具有丰富的隐喻义以及转喻义，通过分析这些名词的物性结构，可以为其隐喻义和转喻义的生成机制研究提供新的视角。由于人体器官并非人造类物体，因此本章不对其施成角色进行分析。本章选取了与"头"，"五官"中的"眼""耳"，"四肢"中的"手"四种人体器官相关的西语及汉语惯用语为研究对象。

通过本章的分析，可以发现，人体器官名词不同角色的突显在西语和汉语中各有相似点和不同点。在通过功能角色的突显而生成引申语义的惯用语中，以与"眼""耳""手"这三种器官相关的惯用语为主。语义延伸主要以从名词延伸为相对应的功能为主。"头"包含了"大脑""五官"等多个器官，可继承这些器官的功能，但其本身的功能角色难以定义。无论是在西语中还是汉语中，惯用语中名词"头"功能角色突显的情况都相对较为少见。在通过形式角色的突显而生成延伸语义的惯用语中，西语和汉语都主要是以与"头"相关的惯用语为主。这一引申义生成路径主要是以人体器官名词代指人。在通过构成角色的突显而生成延伸语义的惯用语中，引申义生成机制主要有以下两个：一是人体器官被抽象成一个空间，以"眼""耳"两个器官为主；二是从构成部分继承相关功能，主要以名词"头"引申为与大脑相关的功能为主，且与汉语相比，西语关于这一生成机制的情况更为常见。

即使是在不同语言文化中,人们对于人体器官的认知依然有较高的相似度,这一类名词在不同语言中进行语义延伸时其生成机制也较为类似,生成词库中的物性结构理论可为人体器官名词隐喻义及转喻义的语义组合和生成机制探究提供新的研究视角。

7 生成词库理论的应用

7.1 基于词汇表征构建的多义词释义模板

一部好的词典不仅是语言学习者的得力助手,而且还是语言研究者的重要参考资料。词典释义是词典编撰的关键环节,因为释义的准确性与完整性是评价词典质量好坏的一个重要尺度。传统的词汇语义学将词汇看成是静态的组成体系,所以一般采用"意义列举"的方式对词义进行描写。也就是说,将一个词项的不同意义分别列举在词库之中,将不同意义看作是词项的多义性。上述处理词义模式存在一个缺陷,就是每遇到一个新语境,词项就可能产生新的意义。Riemer(2010)在讨论语义与词典编纂问题时曾经指出:传统的词典定义无法就语言的实际使用情况进行充分的描述。

以汉语动词"出"为例,《新华字典》《汉典》《百度词典》均列举其12条释义。然而,该种释义法具有一定的局限性与不完整性。如:使用频率极高的词组"出书""出唱片",在词典中无法找到与之匹配的义项。又如:"出院"一词应有两种解读:"离开医院这个地点(去另外一个地点)"或"离开医院(因为病好了)",而词典中仅记录了该词组的位移义(即:离开医院这个地点)。这说明,贮存在我们大脑中的词汇及其联想义远比词典释义更为细致和全面。

生成词库理论注重语义的组合性,提倡词义的动态性、创造性以及生成性。该理论要求在描述词义时,应充分考虑与之组合词项的语义。本研究在生成词库理论指导下,假设词项语义的多样性是通过组合结构中与其他词项语义相互作用实现的。基于语言使用实例,运用生成词库论的相关概念、文章对动词"出"的词汇语义进行解读,并尝试构建该动词的词典释义方式,以期从"动态、生成"的角度为动词释义提供一种可行的方式。

7 生成词库理论的应用

7.1.1 生成词库理论视角的释义模板

"意义列举法"常用于词典编撰中,在遇到语义丰富的词项时,词典学家往往认为在一个词条下列举的义项越多证明释义越充分。但是,一个词项遇到新的语境就有可能产生新的意义。词项语义的无限性是无法详尽描述的。以汉语动词"出"为例,《新华字典》收录了其12条释义,然而实际语料中"出"的意义远不止12个。本书认为应避免对多义词做详细的描述,词典只需呈现出动词的基本语义信息,因为基本语义最终是能与其他结构成分实现语义互动及语义合成。生成词库论假设词项的基本语义信息是有序地分布在不同结构中的,借鉴上述假设,文章将基本语义描写框架分为三个层面:词项的最简定义、论元结构以及事件结构。然后以上述三个层面的语义信息为坐标,考察结构中其他成分的语义与动词语义互动的机制。

7.1.1.1 最简定义

《新华字典》对动词"出"的第一条释义如下:从里面到外面。字典围绕位移的核心概念,对上述义项进行修改,增添了与位移动词相关的位移要素:位移力、施动体、位移体、位移处所的描写。因此,对"出"的最简定义如下:移动体在位移力作用下从某一有界空间往外移动。

7.1.1.2 论元结构

论元结构描述词项的配价关系。从动词"出"的最简定义可得出该动词涉及两个论元[1]:真正论元(true arguments)——移动对象(x),其语义表征为[＋实体(＋活动性)];默认论元(default arguments)——位移起源(y),其语义表征为[＋地点(＋有界空间)]。默认论元能以不同的方式出现在句式中:作为动词"出"的补语(如"出商场")或由介词"从"引导作为动词的状语,(如"从商场出来")。

文章可归纳动词"出"的论元结构如下:

---

[1] Pustejovsky(1995)认为一个词项的论元分为四类:真正论元(true arguments)必须和谓语同时出现在句法上;默认论元(default arguments)是谓语含义的一个逻辑部分,它非必要存在;影子论元(shadow arguments)在谓语的定义中已经包含了该论元的含义,倘若没有其他词组将其显化,该论元的出现会造成句子的累赘;修饰性论元(true adjuncts)与句法结构没有直接联系,可自由选择是否出现在句子中。

动词"出"的论元结构：

真正论元：$\begin{bmatrix} 移动对象（x）\\ x为[实体（+活动性）] \end{bmatrix}$

默认论元：$\begin{bmatrix} 位移起点（y）\\ y为[地点（+有界空间）] \end{bmatrix}$

7.1.1.3 事件结构

汉语动词"出"描写物体从里到外的位移运动，属于瞬间发生并结束的行为，因此能与表示时间点的时间状语兼容，如："小明三点钟出了学校"；但不能与具有持续性的时间状语相兼容，如："小明花了一个小时出了学校"。动词所指事件内部结构如下：

动词"出"的事件结构❶：L[→e＞e]

由上述事件结构可看出：动词"出"所指事件内部结构不包含多个子事件，因此无法与聚焦"行为正在持续发生"的副词"还"兼容，如："＊小明还在从学校出来"。但是在语料库中仍搜索到了不少该副词和动词"出"共同出现的句式，比如："学生还在陆陆续续从课室里出来"。上述例句的动词"出"之所以能与副词"还"组合，是句法结构中的方式状语"陆陆续续"作用的结果。方式状语"陆陆续续"将[+复数]语义引入句法主语"学生"（即集合名词）中，在此条件下，类型强迫机制迫使"学生出课室"事件解读为重复发生的行为。也就是说，"学生陆陆续续从课室出来"不再是简单瞬间体事件，而是转变为过程体事件 P（具有时间持续性的无界事件，其内部结构为：P[e1…en]），从而能与要求所修饰事件具有[+时间持续性]的副词"还"组合。

7.1.1.4 物性结构

物性结构建构了我们的基本知识，形式角色是关于事物的物理特征，构成角色是关于事物的内在结构，施成角色是关于事物的来源或产生，功能角色是关于事物的用途与功能。在句法分析中，语言知识与百科背景知识该如何区分，在多大程度上应保留后者仍是值得深入讨论的话题。但是不可

---

❶ L（Logro）指瞬间体事件；e（evento）指动词事件结构所含的子事件。

否认,物性结构说明了所指谓的事物性质及其与相关事物的关系;这种概念层面上的事物及事件关系,最终在语言层面上表现为词语之间的搭配关系(即选择限制关系)。例如,[＋容器]语素可用于定义具有一定体积并具有容纳性质的事物,该类名词通常能进入"X 满了"的句法结构,如:{抽屉/课室/杯子}满了。然而,并非所有在百科知识中具有容纳性质的事物都能进入"X 满了"的句式结构,如:*{海洋/森林}满了。由此可见,虽然在百科知识中"杯子"和"海洋"能成为"水"的载体,但是在语言知识中两个名词的定义能通过[＋容器]语素加以区分。在词典编撰中,百科背景知识对释义的重要性毋庸置疑。早在 20 世纪 50 年代,Casares 已经提出词项释义要呈现出事物的自然属性、功能属性以及生成属性。显然,Casares 提出的三种属性与物性结构有相似之处:"自然属性"类同"形式角色","功能属性"类同"功能角色","生成属性"类同"施成属性"。

本书应用了物性结构中的形式角色(F)来限定常规论元的语义。因此,动词"出"的真正论元 x 描写为"活动实体",默认论元 y 描写为"地点":

词项论元的物性结构:

x:[F＝活动实体]

y:[F＝地点]

上述物性结构呈现出词项论元的常规语义表征。在实际语料中不难发现,许多非常规论元能与动词"出"组合并实现语义的浮现,比如:"这句话出自《论语》"。主语"这句话"并不符合动词"出"所携带论元函项的语义要求,例句中的动词"出"也无法解读为位移义。剖析名词"话"与名词"论语"的物性结构,我们发现两者存在"部分—整体"的语义关系(名词"论语"的构成角色可描述为"由一段段话组成")。动词"出"原意为"物体由内往外移动",大脑将该位移路径投射至"部分—整体"语义关系中,迫使"出"理解为"源自、引用"的语义。

7.1.2　语义在释义模板中的动态生成

上文讨论了动词"出"的词典释义方式:首先,该动词作为位移动词,其最简定义为:"移动体在位移力作用下从某一有界空间往外移动";其次,该动词携带两个论元:真正论元"移动对象 x(F＝活动实体)"和默认论元"位移起点 y(F＝地点)";最后,该动词所指事件为瞬间体事件(无时间持续性的有界事件)。接下来,将通过分析语料库中提取的实例证明上述语义描述方式不仅有助于观察动词词义浮现的路径,而且有助于解决在词项组合时出现的句法问题。

本部分的数据主要来源于 CCL 语料库检索及 Sketch Engine 搜索引擎❶。通过语料库搜索实例,文章发现在[出＋N]构式中名词 N 承担两类语义角色,分别是:N＝"移动对象"(如:"出太阳""出钱""出力""出书"等)和 N＝"位移参考点"(如:"出院""出赛""出庭"等)。由于篇幅限制,本研究无法对具有不同语义角色的[出＋N]构式进行详尽剖析。接下来,将着重讨论在[出＋移动对象]构式中动词"出"是如何在句式组合中实现语义浮现的。

根据动词"出"的语义是否具有致使性,我们将[出＋移动对象]的语料分为两类:无标记致使型结构(下文简称:[出 causative＋N])、非致使型结构(下文简称:[出 not causative＋N])。比如:在"单位出车"句式中,主语"单位"是宾语"车"发生位移的致使源,充当施事角色,因此"单位出车"可理解为无标记致使型结构;而在"他出汗"句式中,主语"他"并非"汗"出现的致使源,从而不能理解为致使型结构,即非致使型结构。在[出 not causative＋N]结构中动词仅携带一个真正论元:"移动对象",而在[出 causative＋N]结构中动词携带两个真正论元,分别为:"施事""受事(移动对象)"。

在[出＋移动对象]句式中,充当"移动对象"名词的物性结构是否具有[＋存在性]语素会影响动词语义的解读。当动词"出"与不具备[＋存在性]语素的名词组合,动词映射"状态的改变",即指"从无到有"的转变,如"出芽""出乱子"等;当名词具有[＋存在性]语素时,词义呈现多样性,如"出兵"(出:实现某一目的)、"出太阳"(出:状态的改变)、"出钱"(出:所有权的更改)等。除了上述提到的[＋存在性]语素,宾语名词当中的[±实体性][±复数性][±持续性][±显现性]等语素均能在句式中与动词语义互动,影响动词语义解读。

7.1.2.1 [出 causative＋N]构式

动词"出"可携带具有[＋活动性][＋实体性][＋存在性]以及[＋功能性]语素的名词宾语,动词的最简定义("N 从某一有界空间往外移动")可引申为"使 N 移动并使其实现功能",如"出车"。作者认为,当动词"出"与人造类名词"车"组合时,利用了"车"的功能角色("供运输"),从而实现语义

---

❶ CCL 语料库检索系统;Sketch Engine 搜索引擎。

的组合。上述结构中要求主语具有施动性,因此充当主语的名词必须携带[+能愿性]语素,如:"单位出了车去接客人。""1979年底,苏联直接出兵占领阿富汗。"在"出车"与"出兵"组合中动词的事件结构没有改变,仍然属于简单瞬间体事件,因此能与表示点状的时间状语搭配,如:"单位下午四点出车去接客人。""将军明日正午出兵。"在"出钱""出资""出力"构式中,动词"出"依然隐射"状态的转变",属于瞬间体事件,但是其语义与"出车""出兵"有细微差异。名词宾语"钱""力""资"不具备[+活动性]语素,动词无法解读为"使 N 移动并使其实现功能"。但是,上述宾语名词具有[+从属性]语素,正是该语素使动词"出"的语义得以浮现:"N 的所有权不再属于某一主体",如:"村里出钱请剧团唱戏。""企业出资建学校。""你出钱我出力。"

接下来分析的[Vcausative+N]结构其宾语名词属于合成类名词❶,具有两个义面[物质载体/内容信息],如:"布告""榜""书""唱片"等。当动词"出"与上述名词组合时,隐射上述名词所指从"无到有的转变",如:"出书"解读为"出版书"。在该义项下动词"出"要求所携带论元具有内容信息和物质载体两个义面。当有的名词只有内容信息属性,动词会引入一个物质载体赋予名词上。比如:"通告"只具有内容信息义,但成为"出"的宾语后,这些名词都具有物质载体义:"出通告"("通告"的内容必须在载体上呈现)。上述组合所指事件仍属于瞬间体事件,因其与聚焦"事件持续进行"的副词"还"相排斥:"*政府还在出通告。""我们还在出书❷。"动词"出"与"命题类"名词组合,如:"题目""主意""难题""价格"等,仍然隐射"事件状态的变化":"出{题目/主意/难题/价}"解读为"{题目/主意/难题/价}从不存在到存在的转变"。

在[出 causative+N]结构中,宾语名词可以是一个事件名词,此时动词

---

❶ Pustejovsky(2001)根据语义标准将词项分为三类:自然类(natural types)、人造类(artifactual types)和合成类(complex types)。自然类:与物性结构中的形式角色和构成角色相关的概念,如:石头、猴子、水;人造类:结合了物性结构中的功能角色或施成角色的基础信息,突出了物体的特定功能,如:桌子、椅子;合成类:也被称为"点对象"(dot object),由自然类和人造类组成,是一个复合概念。如:"书"包含了"物质"义面和"信息"义面([physical entity+information]),不同的义面可通过谓语体现:他手里拿着一本书([物质实体]);这本书很有趣([内容信息])。

❷ 值得注意,例子"我们还在出书"能实现语义浮现并不证明副词"还"能与瞬间体事件"出书"兼容。作者认为该例子呈现的语义合法性是由于名词"书"可以理解为集合名词,从而迫使"出书"所指事件转变为过程体事件(不断重复的行为)。

隐射"名词所指事件开始发生",如:"出殡"。名词"殡"指"把灵柩运到埋葬或寄放的地点",动词"出"与事件名词"殡"组合可解读为:"开始把灵柩运到埋葬地点"。作者认为,事件名词"殡"所指属于过程体事件,具有时间持续性,该事件信息迫使组合"出殡"事件结构发生转变,从简单瞬间体事件(L[−e>e])变成"状态转变后紧跟着过程体子事件"的复合瞬间体事件(L'[L[−e>e]>P])。由于事件内部结构引入了过程体子事件,该结构既可以与表示点状时间副词搭配:"他们下午三点给祖奶奶出殡。"也可与表示持续性时间副词搭配:"他们花了三整天的时间给祖奶奶出殡。"

7.1.2.2 [出 not causative＋N]构式

在[出 not causative＋N]组合结构中,动词"出"可与"太阳""月亮""星星"等"天体类"名词搭配,动词"出"隐射上述名词所指从"隐藏状态到显现状态的转变",如:"{太阳/月亮/星星}出来了。"

另外一组名词,如:"芽""苗""汗""疹子",由于本身不具有[＋存在性]语素,因此与"出"组合时无法解读为"从隐藏状态到显现状态的转变"。但是,上述名词具有[＋内在活动性]语素,动词"出"的基本语义与其互动,实现了语义的延伸,解读为:事物借助自身作用力(即内在活动性)生(长)出。与此同时,由于上述名词均有[＋复数][＋不可数]语素,迫使"出芽""出苗""出汗""出疹子"变成复合型瞬间体事件(状态转变后紧跟过程体子事件:L'[L[−e>e]>P]),因此能与副词"还"兼容,聚焦子事件中的过程体事件:"他还在出汗。"

接下来讨论一组名词:"乱子""错""事故""车祸""故障",上述名词在[Vnot causative＋N]结构中承担"移动对象"语义角色,名词所指均属于"非主观因素发生的事情"。当动词"出"与上述名词组合,构式的事件结构属于简单瞬间体事件,语义解读为"事件意外地发生了",如:"出乱子/错/事故/车祸/故障"。值得注意,进入该结构的名词均具有负面情感色彩。"事情"一词为中性情感色彩名词,但在"出事"组合中,名词"事"却呈现出消极情感色彩的解读。因为,在描写该语义时应标注承担"移动对象"语义角色的名词均含有[＋负面情感色彩]。

7.1.2.3 小结

通过上文对[出＋移动对象]构式的详细分析,文章对动词"出"的语义延伸路径归纳具体见表7-1。

7 生成词库理论的应用

表 7-1 动词"出"的语义延伸路径

语义的延伸	定义	例子	论元语义特征
A."出"具有致使性,隐射[+功能性]名词发生位移变化	使物体移动并发挥其功能	出车	Arg1:[实体(+能愿性)] Arg2:[实体(+活动性)×T事件性]
B."出"具有致使性,隐射[对象]的所有权发生转移	某人贡献某物	出钱、出力	Arg1:[实体(+能愿性)] Arg2:[实体(+所属性)]
C."出"具有致使性,隐射[对象]的状态发现变化	使某物出版	出书	Arg1:[实体(+能愿性)] Arg2:[实体(载体内容)]
	提出问题	出题目、出主意	Arg1:[实体(+能愿性)] Arg2:[命题类]
	使某事开始进行	出殡	Arg1:[实体(+能愿性)] Arg2:[事件]
D."出"不具致使性,隐射[对象]状态发生改变	星体显现	出太阳	Arg1:[实体(星体)]
	具有[+内在活动性]物体出现	出芽、出疹子	Arg1:[实体(+内在活动性)]
	具有[+负面情感色彩]事件发生	出事故	Arg1:[事件(+负面情感色彩)]

作者认为,从论元出发描写动词语义延伸路径更具启发性和灵活性:一方面,根据动词携带论元数量及论元语义角色,可判断动词是否呈现出致使性解读;另一方面,根据动词所出现的句式结构以及搭配的论元语义表征,大脑能自动生成相应的语义,如此便可避免详尽地描述词项词义。

7.1.3 释义模板解决句法问题的有效性

在上文中,作者在生成词库论指导下给出了动词"出"的词典释义方式,并在此基础上研究了动词语义引申的路径。接下来,作者将进一步论述上文提出的词典释义方式有助于分析与解决在实际使用中遇到的句法问题。笔者查阅了《新华字典》《现代汉语词典》,发现两本词典均没有对动词的

"体"信息进行描述。单凭词典上列举的义项无法解答:为何"出题目"和"出价"的构式及语义延伸路径相同,却有不同的句法表现,如:

例1　a.他还在出题目。

　　　b.＊他还在出价。

"出题目"与"出价"均属简单瞬间体事件(L[ẽ＞e]),由于内部不具备持续性子事件,本与副词"还"不兼容。那为什么例1a允许出现在句法上?文章认为,动词进入组合后,所表示的事件结构会受其他句法成分作用而发生改变。对比名词"题目"与名词"价格",可以发现"题目"的构成角色具有[＋内在组成性]语素,该语素可通过与量词"一半"的搭配情况来检验,如:

例2　a.他在给学生出一道题目,出到了一半。

　　　b.＊他在出一个价,出到了一半。

动词"出"将[＋内在组成性]语素引入"出题目"事件中,强迫事件结构发生转变:L[(P＞)ẽ＞e]。也就是说,在"出题目"事件实现前引入了过程体子事件([＋内在组成性]隐射渐进的事件)。因此,副词"还"能与"出题目"组合,聚焦点正是事件隐藏的过程体子事件。

接下来分析"出洋相""出风头"两个组合。上述两个词组归入"[＋负面感情色彩]事件发生"义项。但是,两个组合在句法中呈现不一致性,如:

例3　a.他出了{一次/一个}洋相。

　　　b.他出了{一次/＊一个}风头。

　　　c.＊他正在出洋相。

　　　d.他正在出风头。

如例3a所示,名词"洋相"可与量词"一个"搭配说明该名词具备[＋可分割性];相反,名词"风头"无法与量词"一个"兼容,说明其不具有[＋可分割性]语素。当名词"风头"与动词"出"组合,动词利用名词的[＋延续性](即[＋不可分割性])语素,迫使"出洋相"呈现出[＋事件持续性]语义。由于"洋相"不具备[＋延续性]语素,该语义生成机制无法在"出洋相"组合中实现。如例3d所示,"出风头"能与聚焦"事件进行中"的结构"正在"搭配,因其事件结构隐藏了一个过程体子事件;而"出洋相"无法与"正在"搭配,因其事件结构为单一瞬间体结构,无具有时间持续性的子事件供"正在"聚焦。

笔者认为,名词"风头"具有的[＋延续性]语素为"出风头"事件由简单瞬间体事件向过程体事件的转变提供了接口:由于名词所指具有持续性语义,事件解读为"在某一时空中事件不间断聚集",由此转变为过程体事件 ($[L+L+L\ldots+L]>P$)。如例 4 所示,"出洋相"事件接受副词"突然"修饰,而"出风头"与该副词不兼容,证明"出风头"事件结构已发生转变,不属于简单瞬间体事件:

例 4　a. 宴会上他突然出了个洋相。
　　　b. *宴会上他突然出了个风头。

正因为"出洋相"与"出风头"的事件结构不同(前者为简单瞬间体事件,而后者为过程体事件),与具有时间持续性的短语"一下午"组合时所呈现的解读自然不同。在"他出了一下午洋相"句式中,由于"出洋相"为瞬间体事件,与"一下午"组合解读为"出洋相"事件在该时间段不断重复发生;而在"他出了一下午风头"句式中,由于"出风头"属于过程体事件,该句子解读为"出风头"事件在该时间段一直发生,未曾中断。

本小节通过探讨动词"出"与名词组合在句法上不同的表现,证明了动名组合的事件结构不一定和动词本身事件结构一致。动词与名词语义浮现并非词项的语义叠加,组合语义的浮现是一个复杂的过程,不仅涉及词项语义的改变,也涉及词项事件结构的改变。而这些改变所导致的句法现象在传统辞书中似乎找不到恰当的解释。

7.2　基于语义类和物性角色建构的双语词典释义模板

学习外语涉及各种技能的训练,为此,外语学习者经常参加口语、阅读、写作、翻译和其他技能的课程来实现学习的目标。所有这些技能的获得需要有词汇作为支撑,并不断加以锻炼、加以提升。

在学习的过程中,当学生遇到不认识的单词,特别是初级阶段的学生,他们经常通过查阅双语词典来理解词义。如果一个单词在双语字典中有好几条释义,他们就会根据上下文选择一个看上去最为恰当的解释。然而,这种方式是很难满足学生正确习得并掌握单词的需求。他们发现,很多时候很难根据上下文找到一个词的适当词义,因为大多数的双语词典只提供了目标语言的对等单词,以静态的方式呈现出这个词在目标语当中的翻译,就好像各个词义之间是毫无关联的。动词 apretar 在《西汉-汉西词典》的释义如图 7-1 所示。

tr.
«con;contra;entre;sobre»
1.抱紧.
2.弄紧，握，按，挤，压：
~las ligaduras 系统紧绳结.
ols dientes 咬紧牙关.
~los labios 闭紧嘴巴.
~la mano 握手.
~el bóton del timbre 按电铃.
~la ropa para que quepa en la maleta 把衣物紧紧地塞在箱子里.
~el cerco 紧缩包围圈.
Estos zapatos me aprietan. 我这双鞋夹脚.
3.使密实.
4.加快：
~el paso 加紧步伐.

5.【转】催促，迫使.
6.【转】严格要求：
un profesor que aprieta 一位严厉的教师.

7.【转】折磨.

图 7-1 动词 apretar 在《西汉-汉西词典》的释义

在前面几章我们从述宾结构、主谓结构、形容词结构以及惯用语的角度证明了词义不是静态地存储在词库当中，词义需要配合出现的语境，与上下文当中的其他词汇的语义特征相互作用，才能实现语义的浮现。那么，如果我们从生成词库的视角将双语词典的编纂格式与语义浮现的模式相结合，也就是说，通过描写语义组合的方式对词项进行释义，这样的编纂格式是否更加灵活、更有启发呢？接下来，我们以汉语"爱"字为例，基于语义类和物性结构的信息，来探讨如何在双语字典中呈现"爱"字的释义。

7.2.1 当前汉-西字典对词项的处理方式

目前国内市面上有不少的西班牙语-汉语或汉语-西班牙语双语词典，如:《新汉西词典》(孙义桢，1995)、《现代西汉汉西词典》(毛金里等，2009)、《精选西汉汉西词典》(梁德润，2018)等。还有一些是由西班牙语人编纂并在西班牙出版的双语词典，如 *Diccionario Manual Chino Castellano*（Luis María Nieto, 1929, 1931) 和 *Diccionario Español de la Lengua China*（Fernando Mateos 等人，1977)。其中，最广泛使用的是由著名词典学家孙义桢

7 生成词库理论的应用

教授编纂的《新汉西词典》,自 1995 年出版以来已被多次更新,是本研究主要参考的词典。

汉语动词"爱"在《新汉西词典》的处理方式如图 7-2 所示。

爱(愛) ài ①amar; querer; tener cariño: ~人民 amar al puebol / ~祖国 profesar afecto a la patria / ~整洁 ser amante del orden y la limpieza / 母~ amor maternal / 他们俩相~多年。Están enamorados de3de hace años. / 他~上了她。Está enamcrado de élla. ②gustarle a alguien; encantarle a algulen; aficionarse: ~ 游泳 gus-las. ③cuidar de; velar por: 军~民,民拥军。El ejército.④ ser propenso a; estar acostumbrado a: ~ 发火 ser propenso a la ira / 他~笑。Es propenso a reir. / ~迟到。Suele venir tarde. ⑤suceder con facilidad: 铁~生锈。El hierro se enmohece fácilmente.

图 7-2 汉语动词"爱"在《新汉西词典》的处理方式

从图 7-2 中可以看出,爱的定义在这本词典中有五个释义,与其他双语字典相比,该词典收录的词义相对完整。因此,当中国学生想要知道汉语当中的"爱"字在西班牙语中有多少种可能的翻译方式,这个词典几乎提供了所有的可能性。同样,当西班牙学生在学习汉语时想要了解"爱"的所有用法,这部字典也能提供一个较为全面的答案。此外,这部字典在每一条释义下附上了相对应的例句(这在双语词典中是不常见的),这样用户就能根据例句出现的语境选择最为符合的语义。例如,当西班牙学生遇到"他爱哭"这个句子,不明白"爱"的含义时,通过第四条释义便能找到答案。然而,学生并不总是能顺利地找到一个合适的例子来帮助他们理解单词。例如,词典当中并未收录"她爱头痛"这样的例子,通过查阅词典学生仍旧不能解决问题。

另外一个问题就是这部字典当中没有标记"爱"的词性,尽管从它的各条释义当中可以推断这个词项是作为动词收录在词典当中。再进一步观察当中的例句,我们发现了词性出现了混淆。"爱"的第一条释义为:amar, querer o tener cariño(热爱、喜欢、有好感),意味着"爱"是一个动词,但是我们看到了"母爱 amor maternal"这个例子,显然这个例子中的"爱"是作为名词出现的。对于学习汉语的西班牙学生来说,这种不标记词性的格式很容易引起他们理解上的混乱。

最后，与大多数双语词典存在的问题一样，单纯通过翻译的方式描述词项的语义，对学习者的语言输出能力起不到积极的作用。例如，词典给出"爱"的第三条释义为 cuidar de o velar por（照顾、看管），但在例子"军爱民，民拥军"中词典使用了另外一个动词 preocuparse 进行翻译：El ejército se preocupa por el pueblo y este apoya al ejército。或许西班牙学生使用这本词典时，凭借母语的语感能区分 cuidar de、velar por 和 preocuparse 三个词在语义上的细微差别，但是这种差异是无法被非母语的中国学生所感知的。很有可能中国学生会疑惑，是否 cuidar de、velar por 和 preocuparse 三个词都能翻译"军爱民，民拥军"的句子，如果不是，又是在什么情况下分别选择 cuidar de、velar por 或 preocuparse 来翻译"爱"这个词呢？

鉴于以上的疑惑，我们认为似乎应该为双语词典的编纂提出另一种描写的模式。在生成词库理论的指导里，我们将以词项与词项的语义组合为基础对其进行释义。

7.2.2　生成词库视角下的释义模式

本小节的释义模式参考了同样基于生成词库理论构建的语料分析模型（Corpus Pattern Analysis）。正如 Batiukova(2009)所指出的，这样的词典资源"旨在为一个词项（原则上是动词）的解读建立线索、激活语义的创造与生成"。该分析模型认为离开语境词项并没有办法获得具体的意义，语义自身具备生成潜力，只要放在语境中它便能自动生成。

语料分析模型对从句法、语义层面对动词出现的结构进行分组。在语义上，谓词的成员根据其语义类型来定义（例子有实体、抽象、机构、位置、有生命的、事件、质量等），这些信息都会出现在动词描写的结构中。请看如图 7-3 所示的例子。

如图 7-3 所示，语料分析模型根据动词 toast 与之结合的词的类型来描述动词 toast 的用法：在第一个模式中，toast 与指称食物的名词结合时表示"烹饪"；在第二种模式中，toast 与人类实体的名词结合时表示"敬酒"；在第三种模式中，toast 与事件类名词结合，且这类事件与记忆、健康、成功、成就相关，此时 toast 为轻动词，谓语的信息由事件名词提供。

> *toast:*
>
> PATTERN 1: [[Human]] toast [[Food]]
> Implicature: [[Human]] cooks [[Food]] by exposing it to radiant heat.
>
> PATTERN 2: [[Human 1]] toast [[Human 2]]
> Implicature: [[Human 1]] honours [[Human 2]] by the symbolic gesture of rising a glass of wine and then drinking a little of it.
>
> PATTERN 3: [[Human 2]]◇{[[Event]] | memory | health | success | achievement}

图 7-3　例子

在我们看来，这种词典描写的模型可以更清楚、完整地呈现出词项出现的语境，学生根据语义类型能更明确地获知词语的含义。另外，利用物性结构的形式角色（如名词指称人、食品、健康等）对模型中的主语、宾语进行描写，百科知识的融入使得模型更易被学生接受、理解。

依照第三章分析述宾结构的思路，我们对"爱"的语义生成路径进行了详细的分析，获取了"爱"的 9 个含义。在此基础上，我们对"爱"在双语词典的释义模式描写具体见表 7-2。

表 7-2　"爱"在双语词典的释义模式描写

> **1. PATRÓN**：[[Humano]]爱 *ài* {[[Entidad natural]] | Entidad humana | Miembros de relación familiar | Entidad no humana} o [[Institución]]
>
> **IMPLICA**：que[[Humano]]siente una emoción agradable e intensa hacia[[Entidad natural]]o[[Institución]]por sus propiedades atractivas o por un vínculo afectivo
>
> **EJEMPLO**：
> (1)我爱父母('Amo a mis padres')
> (2)我爱祖国('Amo a mi patria')
> (3)我爱我的宠物('Amo a mi mascota')
> **EQUIVALENTE**：amar; querer

续表

COMENTARIOS：Cuando se usa para expresar la emoción que siente una persona hacia otra, *amar* suele sustituirse por *querer* en el lenguaje cotidiano. *Amar* en este sentido está marcado como de registro elevado y su empleo pertenece principalmente al habla culta y literaria.

2. PATRÓN：[[Humano]]爱 *ài* [[Entidad natural no humana]] o [[Artefacto]]

IMPLICA：que [[Humano]] sentir una emoción agradable e intensa hacia [[Entidad natural no humana]] o [[Artefacto]] por sus propiedades atractivas

EJEMPLO：

(1) 君子爱兰（'A los nobles les gustan las orquídeas'）

(2) 独爱熊猫（'Gustarle solo los osos panda'）

EQUIVALENTE：gustar; encantar

COMENTARIOS：los verbos *encantar* y *gustar* pueden sustituirse para explicar el gozo ante una cosa; pero la traducción con *encantar* implica un matiz intensificador, equivalente a '*gustar extraordinariamente*'.

3. PATRÓN：[[Humano]]爱 *ài* [[Entidad en riesgo o vulnerabilidad]]

IMPLICA：que [[Humano]] ejerce la acción de alejar a alguien o algo de un problema o perjuicio sintiendo una emoción intensa y agradable

EJEMPLO：

(1) 尊老爱幼（'cuidar a los mayores y los menores'）

(2) 爱眼护齿（'cuidar los ojos y los dientes'）

(3) 军爱民，民拥军（'el ejército protege al pueblo y el pueblo apoya al ejército'）

EQUIVALENTE：cuidar; proteger

COMENTARIOS：Tanto *cuidar* como *proteger* indican el acto de alejar algo o alguien de un posible peligro o daño; se traduce con el verbo *proteger* cuando el evento denotado necesite mayor implicación del sujeto para llevar a cabo esta tarea, p. ej. 爱地球（'proteger la Tierra'）; 爱水资源（'proteger los recursos acuáticos'）.

续表

4. PATRÓN：[[Humano]]爱 ài[[Institución]]

　　IMPLICA：que [[Humano]] respeta las normas de la [[Institución]]de la que forma parte EJEMPLO：

　　(1)爱国守法('respetar el país y las leyes')

　　(2)爱党('respetar el partido')

　　EQUIVALENTE：respetar

5. PATRÓN：[[Humano 1]]爱 ài {[[Humano 2]]|Participante en una relación social | Personaje público} o {[[Entidad abstracta]] | Carácter|Virtud|Cualidad}

　　IMPLICA：que[[Humano 1]]reconoce el mérito o valor de[[Humano 2]]o[[Entidad abstracta]]

　　EJEMPLO：

　　(1)爱敌人('estimar al enemigo')

　　(2)领导爱才('los directores aprecian el temperamento de sus empleados')

　　(3)人民爱主席('el pueblo admira al presidente del país')

　　EQUIVALENTE：estimar；apreciar；admirar**COMENTARIOS**：los verbos *apreciar* y *estimar* puede sustituirse en el uso común para explicar nuestra emoción hacia alguna persona o algo, reconociendo su mérito o valor. Se traduce con el verbo *estimar* cuando el evento denotado ofrece una connotación más neutra, como en el caso de 爱敌人('estimar al enemigo'). El verbo *admirar* tiene un significado más intenso, en el sentido de 'reconocer y juzgar a una persona como sobresaliente y extraordinaria'；por eso, la traducción con *admirar* lleva un matiz intensificador.

6. PATRÓN：[[Humano]]爱 ài[[Entidad lujosa]]o {[[Entidad abstracta|libertad|sabiduría|propiedad]]

　　IMPLICA：que[[Humano]]tiene la voluntad de poseer o lograr cierta cosa

　　EJEMPLO：

　　(1)爱豪宅名车('desear piso y coche lujosos')

　　(2)爱和平与自由('desear paz y libertad')

续表

(3) 爱干净('desear la limpieza')

EQUIVALENTE：desear；querer

COMENTARIOS：las traducciones por los verbos *desear* y *querer* explican el deseo de conseguir una cosa que no se posee. *Querer* se combina más frecuentemente con un objeto más accesible, cuyo logro depende de la voluntad y los medios que emplea el humano; y *desear* supone algo cuya posesión depende menos de la voluntad o influencia del sujeto. Por otra parte, *querer* es más general mientras que *desear* es más específico, al significar 'aspirar intensamente al conocimiento, posesión o disfrute de algo' (según el *DLE*).

7. PATRÓN：[[Humano]]爱 ài {[[Evento]] | actividad diaria | diversión | hábito | costumbre} o [[Evento que ocurre]]

IMPLICA：que [[Humano]] se siente a gusto al practicar el evento o al ocurrir el evento

EJEMPLO：

(1) 爱运动('gustar hacer deporte (y hacerlo frecuentemente)')

(2) 爱电影('gustar ver la película (y hacerlo frecuentemente)')

(3) 爱哭('gustar llorar (y hacerlo frecuentemente)')

(4) 独爱雪季('gustar la nieve')

EQUIVALENTE：gustar；encantar

COMENTARIOS：*encantar* y *gustar* describen el placer que siente el sujeto cuando practica un evento o cuando ocurre un evento; pero se usa *encantar* para traducir 爱 cuando la emoción que experimenta el sujeto se considera de intensidad superior a la normal.

8. PATRÓN：[[Humano]] o [[Entidad física]] 爱 ài [[Evento que ocurre]]

IMPLICA：que el [[Evento]] ocurre frecuentemente

EJEMPLO：

(1) 爱头痛('doler la cabeza frecuentemente')

(2) 爱迟到('llegar tarde frecuentemente')

EQUIVALENTE：soler；frecuentemente

续表

> **COMENTARIOS**：en este caso *ài*（'amar'）sirve como auxiliar que cuantifica la ocurrencia del evento；por eso se traduce con un auxiliar de perífrasis que indica la lectura habitual：*soler*，o un adverbio de frecuencia：*frecuentemente*，que enfatiza la repetición frecuente del evento.

> **9. PATRÓN**：[[Entidad física]]爱 *ài*[[Evento de cambio de estado]]
>
> **IMPLICA**：que[[el cambio de estado]]es una propiedad de la[[Entidad física]]EJEMPLO：
>
> （1）铁爱生锈（'el hierro suele oxidarse'）
>
> （2）棉布爱起皱（'la tela de algodón suele arrugarse'）
>
> **EQUIVALENTE**：soler；fácilmente
>
> **COMENTARIOS**：en este caso *ài*（'amar'）sirve como auxiliar que predica una propiedad de la entidad física，por eso se traduce con el verbo *soler*，que señala el cambio de estado como una propiedad de la entidad física；o con un adverbio，*fácilmente*，que enfatiza la inclinación que tiene una entidad a cambiar de estado.

7.3　生成词库理论在外语教学中的应用

词汇的习得是一个复杂的过程，除了了解词汇词义之外，学生还要学习词项与其他词项的搭配是否正确。本小节立足于西班牙语的教学，从生成词库的角度分析学生在输出句子时常犯的错误，并在理论框架的指导下给出可行的教学方案。

从第五章关于形容词结构语义生成的分析中，我们看到了形名组合的语义浮现是形容词的基础语义和名词的亚词层信息相互协调、匹配后的结果。本小节将选取西班牙语专业低年级大学生常弄混淆的一组近义词 bonito/guapo（均可以翻译为"漂亮"），通过分析他们犯错的原因，提供辨析该组形容词的可行办法。请看这句话：

例　＊La universidad de Villanueva es muy guapa，pero yo tengo el curso por la tarde y eso no es muy guapo.

这个句子的错误在于学生使用形容词 guapa（"漂亮"）来修饰 universidad（"大学"）。从汉语角度我们能推断出学生可能是想说"这所大学非常漂亮"，但是在西班牙语中 guapa 只能修饰人，不能修饰事物。在这句话中正确的形容词应该是 bonita("漂亮")。在下文中,我们将剖析名词 universidad("大学")的物性结构和形容词 guapo/a 和 bonito/a 的基础语义及词汇表征,试图从生成词库理论的角度理解这种混淆错误的本质。universidad("大学")的物性结构描写见表 7-3。

表 7-3　universidad("大学")的物性结构描写

FORMAL	[OBJETO FÍSICO], [−ABSTRACTO],[−ANIMADO]	INSTITUCIÓN, OBJETO DE CONTENIDO
CONST.	Espacio compuesto de edificios, aulas, laboratorios, despachos, calles, jardines, etc. con un estilo arquitectónico…	Normas, jerarquía, ideario, funcionamiento, actividades, estudiantes, profesores…
TELIC	Para albergar, alojar, contener una institución académica	Para fines académicos
AGENT.	A través de la construcción	A través de su fundación

因此,"大学"是一个合成类名词,具有两个义面,分别指[建筑物]和[机构],可以被不同类型的谓词选择,如在 construir la universidad 的结构中,动词 construir("建造")的常规论元语义类型为物质实体,通过类型强迫机制中的类型利用机制,谓词利用了"大学"的[建筑物]义面,实现组合的语义浮现。然而,在 fundar la universidad 的结构中,谓语 fundar("建立")的常规论元语义类型为组织、机构,通过类型强迫机制中的类型利用机制,谓词利用了"大学"的[机构]义面,实现组合的语义浮现。在 universidad {grande/bonita/céntrica} 的形名结构中,这 3 个形容的常规论元语义类型是物质实体,同样,"大学"[建筑物]的义面被形容词利用,实现语义浮现。另外,在 una universidad {animada/pública/liberal} 的形名结构中,这 3 个形容词往往选择具有"内容""风格""特征"这些义素的名词,通过类型利用机制,利用了[机构]义面的构成角色信息,实现语义的浮现。

在了解了 universidad("大学")的物性结构后,我们现在分析 guapo 和 bonito 两个形容词的区别。

Guapo 是一个修饰性的形容词,指评价某一人的物理属性。因此,guapo 和修饰名词的构成角色信息相联系。具体来说,guapo 是对某人外表形成的主观评价。具有"漂亮"属性的人,往往具有好看的外表、好看的身体、有吸引力这些特征。简而言之,guapo 表达的属性是好看或有吸引力的,因此与之搭配的名词必须具有以下语义特征:[物体][−抽象][+有生命][+

人类］。上述分析解释了为什么 guapa 不能和 universidad 搭配，因为从"大学"的物性结构可以看出"大学"不具有［物体］［－抽象］［＋有生命］［＋人类］的语义特征，自然无法激活任何语义生成机制实现语义浮现。

Bonito 同样是一个修饰性的形容词，指评价某一实质物理属性"看起来让人舒心"，也就是说，bonito 的常规论元语义类型更多样。它可以和［物体］(实质、抽象都可以)搭配，如：universidad("大学")、edificio("大楼")、día("天气")、proyecto("项目")等；也可以和事件名词搭配，如：concierto("音乐会")、partido("比赛")；还可以和［人］搭配，如：niño("小孩子")、mujer("妇女")。需要注意的是，当 bonito 和指人的名词组合，事实上是表达歧视、物化名词所指。语料库的语料证实了我们的假设，因为我们只找到了 bonito 和 niño("小孩子")、mujer("妇女")搭配，西班牙语中不存在该形容词和男性或其他名词组合，如：* un hombre bonito/* una profesora bonita。

综上，形容词 guapo 是对外表的主观评价，其常规论元具有［物体］［非抽象］［有生命］［人类］的语义特征。因此，它不能与合成类名词"大学"组合，因其两个义面都不满足常规论元的语义特征。虽然形容词 bonito 也表达了对外表的主观评价，但其常规论元的语义类型更多样，只要具有［物体］的语义特征，就有可能进入［bonito＋名词］的组合中。"大学"其中一个义面为［建筑物］，完全满足 bonito 对论元的语义要求，自然能进入［bonito＋名词］的语义组合中。依照上述思路，我们便能合理解释西班牙语学生输出的其他错误句子，如：* He ido al Retiro, que es un parque("公园") muy guapo. / * Mis profesores("老师") son muy bonitos, algunos simpáticos y otros menos.

在上述研究的基础上，我们对西班牙语 guapo/bonito 的教学内容设计具体见表 7-4。

表 7-4　西班牙语 guapo/bonito 的教学内容设计

	guapo
definición	Propiedad física de 'ser bien parecido o ser atractivo físicamente' las personas
Rasgos mínimos	[PROPIEDAD FÍSICA], [OBJETO], [＋ANIMADO], [＋HUMANO], [ATRACTIVO]
combinación	[OBJETO FÍSICO], [－ABSTRACTO], [＋ANIMADO], [＋HUMANO] Sustantivos que se refieren a objetos animados y humanos: hombre, profesor, mujer, niño…

	bonito
definición	Propiedad física de 'ser bien parecido o ser atractivo físicamente' de los objetos no humanos
Rasgos mínimos	[PROPIEDAD FÍSICA],[OBJETO],[－ANIMADO],[－HUMANO],o[EVENTO],[ATRACTIVO]
combinación	[OBJETO],[－ABSTRACTO],[－ANIMADO],[－HUMANO],o [EVENTO] Sustantivos que se refieren a objetos no animados y no humanos: universidad, casa, edificio, mesa, cuadro… Sustantivos que se refieren a eventos: curso, concierto, obra de teatro, lluvia, celebración…

8 结论

词汇语义学研究一直是语义学领域的一个重要模块,通过对词语意义的剖析可以窥探人们认识世界的意向方式以及解读意义的概念结构模式。生成词库理论的核心思想是,通过丰富词项的词汇表征和语义生成机制来解释词语在上下文中的意义调整。与传统的以动词为中心的理论模型不同,生成词库理论强调名词在语义组合中的重要性,认为意义变化等很多语言现象可以从名词的语义中解释。

基于生成词库理论,本研究利用北京大学 CCL 语料库、国家语委现代汉语平衡语料库、Word Sketch Engine 等语料库,系统、全面地考察了西班牙语、汉语中不同语言结构的语义组合和浮现。从基础语义、物性结构角度对词项的语义进行了详细的刻画,将西班牙语、汉语中一些重要的语言现象(如一词多义、名词动用、隐喻、转喻义)关联起来,从一个统一的视角对这些问题做出诠释。概括全书的讨论,我们可以得到以下主要结论:

(1)语义组合性强调词语本身所包括的概念意义和语境所带来的信息,从而做到动态性的解释语义。无论是西班牙语还是汉语,无论是述宾组合、主谓组合,还是形名组合、惯用语中的隐喻转喻现象,都可以从词汇表征中找到语义生成机制激活的线索,解释词语在新语境下的创造性用法。

(2)语义生成机制中的生成不是生成合法的表达形式,而是生成一个词项在具体上下文中的意思,或者说是生成一个具体的语义解释。类型强迫机制实现的类型转换,并非指论元的语义类型真的发生了变化,实际是通过充分开发利用词项的语义信息来实现。也就是说,类型机制是选取、激活、凸显词义的不同部分来激发词义的潜能。

(3)语义生成机制在西班牙语、汉语中都有广泛的应用。通过讨论西班牙语、汉语中的动词 apretar 和"抓"在述宾结构中的一词多义现象,看出了所在述宾结构均存在语义衍生现象,且宾语名词的物性结构在其衍生路径中角色显著,动名搭配所产生的语义浮现是各词项互动、激活不同语义机制的结果。通过讨论西班牙语、汉语中主谓结构的语义组合,证明了在心理名词和动词的组合中,无论是西班牙语还是汉语,语义的组合和浮现均能从亚词层中找到合理的解释:词汇语义的组合就像某种数学运算,当所有语义特征相互协调一致后,就能得出运算的结果,即语义的浮现。通过分析形名语义组合过程中激活的语义生成机制发现,名词的事件信息由名词功用角色和施成角色提供。汉语的宾语强迫现象相对较少,汉语谓词更倾向于出现在句子表层。而西班牙语的宾语强迫现象更为突出,大量的形名组合能自由出现在句子层面。这种差异体现了两种语言在类型上的差异:汉语是一种动词型语言,而西班牙语是一种名词型语言。最后通过分析非字面语言现象的转喻和隐喻,证明了转喻和隐喻这类特殊语言现象同样离不开词项的亚词层信息。

(4)在语言应用实践领域,具体在词典编纂的释义和外语教学中的词义辨析方面,生成词库理论为其提供了一个新的视角。首先,从最简定义、论元结构以及事件结构三个层面对词项进行释义,可以解决"意义列举"法无法解答的问题。其次,以构建语境模式的方式对词项进行释义,可以为语言学习者辨识一词多义提供一个灵活的方法。最后,通过构建名词物性结构的方式呈现词项的亚词层信息,可以有效帮助外语学生避免搭配上的常见错误。

本研究还存在一些尚待解决和进一步探讨的问题:

(1)类型强迫的作用是解决语义类型错配问题,使论元的语义类型符合谓词的要求。问题是,多大程度的错配能够被协调,使之可以成为合法的形式?还是说,类型强迫机制与形式的合法与否完全无关,只是在形式合法的前提下用来帮助解释的机制。本研究考察的结果显示,错配都是表面的,关键的语义是一致的,比如"好教师""好学校"中,"教师""学校"都符合"好"要求的语义信息([+可评价性]),事件强迫只是使这种一致性更显性化。

(2)在分析西班牙语、汉语的语义组合和语义浮现的过程中,本研究试图把某些百科知识写进物性结构中,但是没有明确语言知识和百科知识的界限。这个问题也是生成词库理论引起语言学家们争论的问题。Rakova(2004)对生成词库理论提出了一些批评,指出该理论没有明确到底要把多少百科知识写进词库才能算不多不少。在类型强迫的语境下,虽然本研究找到了事件取代物体解读的理由,但是没有说明在何时激活物性结构中的功用角色,何时激活施成角色,何时激活形成角色。例如,西班牙语 comida rápida("快餐"),"快"作为速度类形容词,可以激活"餐"的功用角色或施成角色,但是为什么在西班牙语和汉语中,comida rápida("快餐")只理解为"能够迅速提供给顾客"(施成角色),而不能理解为"能让顾客迅速吃完"(功用角色)呢?

  鉴于上述问题,西班牙语、汉语的语义组合和语义浮现还可以进一步精细化研究。但无论如何,本研究扩大了生成词库理论的视野,在汉语和西班牙语的对比研究中深化了对语言句法语义性质的根本认识,说明了生成词库理论具有广泛的应用价值,对不同语言结构中的语义生成具有较为普遍的解释效力。

参考文献

[1] 陈平.试论汉语中三种句子成分与语义成分的配位原则[J].中国语文,1994(240):161-168.

[2] 陈忠.认知语言学研究[M].济南:山东教育出版社,2005.

[3] 冯志伟.自然语言处理的形式模式[M].合肥:中国科技大学出版社,2010.

[4] 韩蕾.现代汉语事件名词分析[J].华东师范大学学报(哲学社会科学版),2004(5):106-112,125.

[5] 何嫣.西班牙语非典型带"se"动词中"se"的功能探讨[J].广东外语外贸大学学报,2016,27(2):93-98.

[6] 贾红霞,李福印.汉语实现事件的词汇化模式及认知动因——以"抓"类动词为例[J].华文教学与研究,2018(2):74-83.

[7] 李强.汉语形名组合的语义分析与识解——基于物性结构的探讨[J].汉语学习,2014(5):42-50.

[8] 李强.基于物性结构和概念整合的名词隐喻现象研究[J].语言教学与研究,2014(6):44-53.

[9] 李强.从生成词库论看动词"读"与名词的组合[J].云南师范大学学报:对外汉语教学与研究版,2015(2):69-80.

[10] 李强.从生成词库论看汉语动宾结构及其语义转喻[J].语言教学与研究,2017(6):72-81.

[11] 李强,袁毓林.语义解释的生成词库理论及其运用[M].北京:外语教学与研究出版社,2020.

[12] 吕叔湘.文言虚字[M].上海:上海教育出版社,1963.

[13] 吕叔湘,朱德熙.语法修辞讲话[M].北京:中国青年出版社,1979.

[14] 刘丹青.汉语是一种动词型语言——试说动词型语言和名词型语言的类型差异[J].世界汉语教学,2010(1):3-17.

[15] 马庆株.述宾结构歧义初探[J].语言研究,1985(1):90-101.

[16] 任鹰.动词词义在结构中的游移与实现[J].中国语文,2007(5):419-

430,479-480.

[17] 束定芳.认知语义学[M].上海:上海外语教育出版社,2008.

[18] 宋作艳.现代汉语中的事件强迫现象研究——基于生成词库理论和轻动词假设[D].北京:北京大学,2009.

[19] 宋作艳.逻辑转喻、事件强迫与名词动用[J].语言科学,2013(2):117-129.

[20] 宋作艳.功用义对名词词义与构词的影响[J].中国语文,2016(1):44-57,127.

[21] 孙天心.嘉戎语动词的派生形态[J].民族语文,2006(4):3-14.

[22] 田蕊.现代汉语述宾短语及其汉泰扩展方式对比研究[D].上海:上海师范大学,2021.

[23] 汪维辉."抓"的字词关系补说[J].中国语文,2020(4):431-442,511.

[24] 汪文婷.缅汉语述宾结构对比分析[D].昆明:云南大学,2012.

[25] 王寅.语义外在论与语义内在论[J].外国语,2002(5):23-30.

[26] 王寅.语言世界观多元论——八论语言的体验观[J].重庆大学学报:社会科学版,2007(1):112-117.

[27] 王寅.认知语言学[M].上海:上海外语教育出版社,2007.

[28] 魏雪,袁毓林.基于语义类和物性角色建构名名组合的释义模板[J].世界汉语教学,2013,27(2):172-181.

[29] 魏雪,袁毓林.汉语名名组合的语义解释规律和释义模板库[J].语言学论丛,2013(2):72-105.

[30] 魏雪,袁毓林.基于规则的汉语名名组合的自动释义研究[J].中文信息学报,2014(3):1-10.

[31] 萧国政.汉语量词"把"的意义、分类及用法——面向第二语言教学的认知解释与功能研究[J].江汉大学学报:人文科学版,2004(1):5-10.

[32] 邢福义.汉语里宾语代入现象之观察[J].世界汉语教学,1991(2):76-84.

[33] 余宁."抓"类动词的语义角色分析[D].长沙:湖南师范大学,2012.

[34] 袁焱,潘武俊英.汉越述宾结构对比研究[J].云南师范大学学报:对外汉语教学与研究版,2008(5):59-64.

[35] 袁野.构式压制、转喻和广义转喻框架[J].外国语言文学,2010(3):145-152,175.

[36] 袁毓林,李强.怎样用物性结构知识解决"网球问题"[J].中文信息学报,2014(5):1-12.

[37] 张国宪.现代汉语形容词功能和认知研究[M].北京:商务印书馆,2006.

[38] 张秀松,袁毓林,陈振宇,等.基于情境网络的汉语亲属名词的语义描写体系[J].世界汉语教学,2011(3):318-333.

[39] 章宜华.语义学与词典释义[M].上海:上海辞书出版社,2002.

[40] 赵彦春.认知词典学探索[M].上海:上海外语教育出版社,2003.

[41] Alonso Ramos M. Diccionarios y fraseologías[M]. Coruña:Universidad de Coruña,1996.

[42] Asher N,Lascarides A. Metaphor in discourse[M]. Cambridge:Cambridge University Press,2001.

[43] Asher N,Pustejovsky J. A Type Composition Logic for Generative Lexicon[C]//Advances in Generative Lexicon Theory. Text,Speech and Language Technology,vol 46,2013. Springer,Dordrecht.

[44] Baeskow H. Reflections on noun-to-verb conversion in English[J]. Zeitscrift far Spradhwisenschaft,2006(25):205-237.

[45] Bassac C,Bouillon P. The telic relationship in compounds[C]//Advances in Generative Lexicon Theory. Text, Speech and Language Technology,2013,vol 46. Springer,Dordrecht.

[46] Bouillon P,Busa F. Qualia and the structuring of verb meaning[M]. Cambridge:Cambridge University Press,2001.

[47] Busa F,Calzolari N,Lenci A. Generative lexicon and the SIMPLE model:developing semantic resources for NLP[M]. Cambridge:Cambridge University Press,2001.

[48] Chomsky N. Syntactic structures[M]. Indianapolis:Bobbs-Merrill,1957.

[49] Clark E V,Herbert H. When nouns surface as verbs[J]. Language 1979(55):761-811.

[50] Copestake A. The semi-generative lexicon:limits on productivity [C]//Advances in Generative Lexicon Theory. Text, Speech and Language Technology,2013,vol 46. Springer,Dordrecht.

[51] Copestake A,Briscoe T. Semi-productive polysemy and sense exten-

sion[J]. Journal of Semantics 1995(12):15-67.

[52] Cruse D A. Lexical Semantics[M]. Cambridge:Cambridge University Press,1986.

[53] De Miguel E, Lagunilla M F. El operador aspectual se[J]. Revista española de lingüística,2000,30(1):13-44.

[54] Fillmore C J. The Mechanisms of "Construction Grammar"[C]//Proceedings of the Fourteenth Annual Meeting of the Berkeley Linguistics Society,1988:35-55.

[55] Firth J R. Modes of Meaning[M]. Indianapolis:Bobbs-Merrill,1951.

[56] Givón T. Syntax:a functional-typological introduction[M]. Philadelphia:Benjamins,1990.

[57] Goldberg A E. A construction grammar approach to argument structure[M]. Chicago:University of Chicago Press,1995.

[58] Hale K,Keyser J. The syntactic character of thematic structure[C]//Thematic Structure:Its Role in Grammar,1992:107-143.

[59] Halliday A recent view of 'missteps' in linguistic theory[J]. Functions of Language(2),1995:249-267.

[60] Jackendoff R. Semantic Structures[M]. Cambridge:MIT Press,1990.

[61] Johnston M,Busa F. Qualia Structure and the Compositional Interpretation of Compounds[C]//Breadth and Depth of Semantic Lexicons. Text,Speech and Language Technology,vol 10,1999. Springer,Dordrecht.

[62] Lakoff G,Johnson M. Metaphors we live by[M]. London:The university of Chicago press,2003.

[63] Larson R K. Promise and the theory of control[J]. Linguistic Inquiry,1991(22):103-139.

[64] Levin B. English Verb Classes and Alternations[M]. Chicago:The University of Chicago Press,1993.

[65] Katz J,Fodor J. The Structure of a Semantic Theory[J]. Language,1963(2):170-210.

[66] Michaelis L A,Lambrecht K. Toward a Construction-Based Theory of Language Function:The Case of Nominal Extraposition[J]. Lan-

guage,1996(72):215-247.

[67] Murphy M L. Semantic Relations and the Lexicon: Antonymy, Synonymy, and Other Paradigms[M]. Cambridge: Cambridge University Press,2003.

[68] Pustejovsky J. The syntax of event structure[J]. Cognition,1991,41(1-3):47-81.

[69] Pustejovsky J. The Generative Lexicon[M]. Cambridge, MA: The MIT Press,1995.

[70] Pustejovsky J. Type construction and the logic of concepts[C]//The Language of Word Meaning. Cambridge University Press, 2001, 91123.

[71] Pustejovsky J. Introduction to Generative Lexicon James Pustejovsky[J]. Lingüístics,2005.

[72] Pustejovsky J. Type theory and lexical decomposition[J]. Journal of Cognitive Science,2006(6):39-76.

[73] Pustejovsky J. Coercion in a general theory of argument selection. Lingüístics,2011,49(6):1401-1431.

[74] Pustejovsky J. Type theory and lexical decomposition[C]//Advances in Generative Lexicon Theory. Text, Speech and Language Technology,2013,46:9-38. Springer,Dordrecht.

[75] Pustejovsky J, Bouillon P. Aspectual coercion and logical polysemy[J]. Journal of semantics,1995,12(2):133-162.

[76] Pustejovsky J, Jezek E. Semantic coercion in language: Beyond distributional analysis[J]. Italian Journal of Linguistics,2008,20(1):175-208.

[77] Sanromán B. Semántica, sintaxis y combinatoria léxica de los nombres de emoción en español[D]. Universidad de Helsinki,2003.

[78] Segade Quintas C. Los rasgos subléxicos del verbo apretar. Aproximación a una definición mínima[D]. Universidad autónoma de Madrid,2020.

[79] Siegal Muffy E A. Capturing the adjectives[D]. University of Massachusetts,1976.

[80] Talmy L. Lexicalization patterns: Semantic structure in lexical forms

[J]. Language typology and syntactic description, 1985, 3(99): 36 - 149.

[81] Tesnière L. Eléments de Syntaxe Structurale[M]. Paris: Klincksieck, 1959.

[82] Apresjan J D. Lexical functions in actual NLP applications[C]// Selected lexical and grammatical issues in the meaning - text theory, 2007, 203 - 231.